国家"双一流"建设学科
辽宁大学应用经济学系列丛书
══ 青年学者系列 ══
总主编◎林木西

环境规制
对经济增长质量影响研究

Research on the Impact of Environmental Regulation on
the Quality of Economic Growth

谢 思 著

中国财经出版传媒集团
经济科学出版社
Economic Science Press

图书在版编目（CIP）数据

环境规制对经济增长质量影响研究/谢思著.—北京：经济科学出版社，2021.11
（辽宁大学应用经济学系列丛书.青年学者系列）
ISBN 978 – 7 – 5218 – 3221 – 1

Ⅰ.①环… Ⅱ.①谢… Ⅲ.①环境规划 – 影响 – 中国经济 – 经济增长质量 – 研究 Ⅳ.①F124

中国版本图书馆 CIP 数据核字（2021）第 257567 号

责任编辑：于　源
责任校对：齐　杰
责任印制：范　艳

环境规制对经济增长质量影响研究
谢　思　著
经济科学出版社出版、发行　新华书店经销
社址：北京市海淀区阜成路甲 28 号　邮编：100142
总编部电话：010 – 88191217　发行部电话：010 – 88191522
网址：www.esp.com.cn
电子邮箱：esp@ esp.com.cn
天猫网店：经济科学出版社旗舰店
网址：http://jjkxcbs.tmall.com
北京季蜂印刷有限公司印装
710×1000　16 开　11.5 印张　170000 字
2022 年 1 月第 1 版　2022 年 1 月第 1 次印刷
ISBN 978 – 7 – 5218 – 3221 – 1　定价：48.00 元
（图书出现印装问题，本社负责调换。电话：010 – 88191510）
（版权所有　侵权必究　打击盗版　举报热线：010 – 88191661
QQ：2242791300　营销中心电话：010 – 88191537
电子邮箱：dbts@ esp.com.cn）

总　序

本丛书为国家"双一流"建设学科"辽宁大学应用经济学"系列丛书，也是我主编的第三套系列丛书。前两套系列丛书出版后，总体看效果还可以：第一套是《国民经济学系列丛书》（2005年至今已出版13部），2011年被列入"十二五"国家重点出版物出版规划项目；第二套是《东北老工业基地全面振兴系列丛书》（共10部），在列入"十二五"国家重点出版物出版规划项目的同时，还被确定为2011年"十二五"规划400种精品项目（社科与人文科学155种），围绕这两套系列丛书取得了一系列成果，获得了一些奖项。

主编系列丛书从某种意义上说是"打造概念"。比如说第一套系列丛书也是全国第一套国民经济学系列丛书，主要为辽宁大学国民经济学国家重点学科"树立形象"；第二套则是在辽宁大学连续主持国家社会科学基金"八五"至"十一五"重大（点）项目，围绕东北（辽宁）老工业基地调整改造和全面振兴进行系统研究和滚动研究的基础上持续进行探索的结果，为促进我校区域经济学学科建设、服务地方经济社会发展做出贡献。在这一过程中，既出成果也带队伍、建平台、组团队，使得我校应用经济学学科建设不断跃上新台阶。

主编这套系列丛书旨在使辽宁大学应用经济学学科建设有一个更大的发展。辽宁大学应用经济学学科的历史说长不长、说短不短。早在1958年建校伊始，便设立了经济系、财政系、计统系等9个系，其中经济系由原东北财经学院的工业经济、农业经济、贸易经济三系合成，财税系和计统系即原东北财经学院的财信系、计统系。1959年院系调整，将经济系留在沈阳的辽宁大学，将财政系、计统系迁到大连组建辽宁财经学院（即现东北财经大学前身），将工业经济、农业经济、贸易经济三个专业的学生培养到毕业为止。由此形成了辽宁大学重点发展理论经济学（主要是政治经济学）、辽宁财经学院重点发展应用经济学的大体格局。实际上，后来辽宁大学也发展了应用经济学，东北财经大学也发展了理论经济学，发展得都不错。1978年，辽宁大学恢复招收工业经济本科生，1980年受人民银行总行委托、经教育部批准开始招收国际金融本科生，1984年辽宁大学在全国第一批成立了经济管理学院，增设计划统计、会计、保险、投资经济、国际贸易等本科专业。到20世纪90年代中期，辽宁大学已有西方经济学、世界经济、国民经济计划与管理、国际金融、工业经济5个二级学科博士点，当时在全国同类院校似不多见。1998年，建立国家重点教学基地"辽宁大学国家经济学基础人才培养基地"。2000年，获批建设第二批教育部人文社会科学重点研究基地"辽宁大学比较经济体制研究中心"（2010年经教育部社会科学司批准更名为"转型国家经济政治研究中心"）；同年，在理论经济学一级学科博士点评审中名列全国第一。2003年，在应用经济学一级学科博士点评审中并列全国第一。2010年，新增金融、应用统计、税务、国际商务、保险等全国首批应用经济学类专业学位硕士点；2011年，获全国第一批统计学一级学科博士点，从而实现经济学、统计学一级学科博士点"大满贯"。

在二级学科重点学科建设方面，1984年，外国经济思想史（即后来的西方经济学）和政治经济学被评为省级重点学科；1995年，西方经济学被评为省级重点学科，国民经济管理被确定为省级重点扶持学科；1997年，西方经济学、国际经济学、国民经济管理被评为省级重点学科和重点扶持学科；2002年、2007年国民经济学、世界经济连续两届被评为国家重点学科；2007年，金融学被评为国家重点学科。

在应用经济学一级学科重点学科建设方面，2017年9月被教育部、财政部、国家发展和改革委员会确定为国家"双一流"建设学科，成为东北地区唯一一个经济学科国家"双一流"建设学科。这是我校继

1997年成为"211"工程重点建设高校20年之后学科建设的又一次重大跨越，也是辽宁大学经济学科三代人共同努力的结果。此前，2008年被评为第一批一级学科省级重点学科，2009年被确定为辽宁省"提升高等学校核心竞争力特色学科建设工程"高水平重点学科，2014年被确定为辽宁省一流特色学科第一层次学科，2016年被辽宁省人民政府确定为省一流学科。

在"211"工程建设方面，在"九五"立项的重点学科建设项目是"国民经济学与城市发展"和"世界经济与金融"，"十五"立项的重点学科建设项目是"辽宁城市经济"，"211"工程三期立项的重点学科建设项目是"东北老工业基地全面振兴"和"金融可持续协调发展理论与政策"，基本上是围绕国家重点学科和省级重点学科而展开的。

经过多年的积淀与发展，辽宁大学应用经济学、理论经济学、统计学"三箭齐发"，国民经济学、世界经济、金融学国家重点学科"率先突破"，由"万人计划"领军人才、长江学者特聘教授领衔，中青年学术骨干梯次跟进，形成了一大批高水平的学术成果，培养出一批又一批优秀人才，多次获得国家级教学和科研奖励，在服务东北老工业基地全面振兴等方面做出了积极贡献。

编写这套《辽宁大学应用经济学系列丛书》主要有三个目的：

一是促进应用经济学一流学科全面发展。以往辽宁大学应用经济学主要依托国民经济学和金融学国家重点学科和省级重点学科进行建设，取得了重要进展。这个"特色发展"的总体思路无疑是正确的。进入"十三五"时期，根据"双一流"建设需要，本学科确定了"区域经济学、产业经济学与东北振兴""世界经济、国际贸易学与东北亚合作""国民经济学与地方政府创新""金融学、财政学与区域发展""政治经济学与理论创新"五个学科方向。其目标是到2020年，努力将本学科建设成为立足于东北经济社会发展、为东北振兴和东北亚区域合作做出应有贡献的一流学科。因此，本套丛书旨在为实现这一目标提供更大的平台支持。

二是加快培养中青年骨干教师茁壮成长。目前，本学科已形成包括长江学者特聘教授、国家高层次人才特殊支持计划领军人才、全国先进工作者、"万人计划"教学名师、"万人计划"哲学社会科学领军人才、国务院学位委员会学科评议组成员、全国专业学位研究生教育指导委员会委员、文化名家暨"四个一批"人才、国家"百千万"人才工程入选者、国家级教学名师、全国模范教师、教育部新世纪优秀人才、教育部高等学校教学指导委员会主任委员和委员、国家社会科学基金重大项目首席专家等在内的学科团队。本丛书设学术、青年学者、教材、智库四个子系列，重点出版中青年教师的学术著作，带动他们尽快脱颖而出，力争早日担纲学科建设。

三是在新时代东北全面振兴、全方位振兴中做出更大贡献。面对新形势、新任务、新考验，我们力争提供更多具有原创性的科研成果、具有较大影响的教学改革成果、具有更高决策咨询价值的智库成果。丛书的部分成果为中国智库索引来源智库"辽宁大学东北振兴研究中心"和"辽宁省东北地区面向东北亚区域开放协同创新中心"及省级重点新型智库研究成果，部分成果为国家社会科学基金项目、国家自然科学基金项目、教育部人文社会科学研究项目和其他省部级重点科研项目阶段研究成果，部分成果为财政部"十三五"规划教材，这些为东北振兴提供了有力的理论支撑和智力支持。

这套系列丛书的出版，得到了辽宁大学党委书记周浩波、校长潘一山和中国财经出版传媒集团副总经理吕萍的大力支持。在丛书出版之际，谨向所有关心支持辽宁大学应用经济学建设与发展的各界朋友，向辛勤付出的学科团队成员表示衷心感谢！

林木西

2019 年 10 月

目 录

第一章 绪论 ... 1
- 第一节 选题背景及研究意义 ... 1
- 第二节 研究内容与框架 ... 7
- 第三节 研究方法 ... 10
- 第四节 创新与不足之处 ... 11

第二章 文献综述 ... 14
- 第一节 环境规制的定义与方式 ... 14
- 第二节 经济增长质量的内涵与测度 ... 16
- 第三节 局部视角下环境规制对经济增长质量的影响 ... 19
- 第四节 整体视角下环境规制对经济增长质量的影响 ... 31
- 第五节 文献述评 ... 32

第三章 环境规制影响经济增长质量的理论分析 ... 34
- 第一节 经济增长质量的界定 ... 34
- 第二节 环境规制的动因与目标 ... 37
- 第三节 环境规制对经济增长质量的影响机制 ... 43

第四章 中国环境规制的历史演进与现状分析 ... 56
- 第一节 中国环境规制的历史演进 ... 56
- 第二节 中国环境规制的主要特征 ... 66

第三节 中国环境规制存在的主要问题 ………………………… 75

第五章 中国经济增长质量的测度及其动态变化 …… 82

第一节 经济增长质量指标体系构建 …………………………… 82
第二节 经济增长质量的测度 …………………………………… 89
第三节 我国经济增长质量的动态变化 ………………………… 104

第六章 环境规制影响经济增长质量的实证检验 …… 115

第一节 计量模型的选择与设定 ………………………………… 115
第二节 指标选取与数据说明 …………………………………… 116
第三节 实证检验 ………………………………………………… 122

第七章 结论与对策建议 ……………………………………… 138

第一节 研究结论 ………………………………………………… 138
第二节 对策建议 ………………………………………………… 141

参考文献 ……………………………………………………………… 153
后记 …………………………………………………………………… 175

第一章

绪　　论

第一节　选题背景及研究意义

一、选题背景

改革开放以来,中国经济飞速发展,国内生产总值从 1978 年的 3678.7 亿元增长到 2019 年的 990865.1 亿元,增长约 268 倍。若按照不变价计算（1978 年 = 100）,国内生产总值年均增长率高达 9.4%,平均每 8 年就能够翻一番。2019 年我国人均国内生产总值为 70892 元,按照平均汇率进行折算,达到 10276 美元,突破一万美元大关①。这表明我国经济总量不断扩大,综合实力显著增强,人民生活持续改善。2019 年我国的国内生产总值位居世界第二,增速虽然下降到 6.1%,但明显高于全球经济增速,并在 1 万亿美元以上的经济体中排名第一②。经济发展取得的巨大成就与早期高消耗、高污染与高排放的经济增长模式不无关系。经济增长最快速的时期,恰恰是环境污染最为严重的时期,也

---

①② 资料来源于历年《中国统计年鉴》。

是环境与经济的矛盾最为突出的阶段。

虽然我国一直在进行生态环境治理，并取得了显著成效，但形势仍然不容乐观，生态环境的保护工作任重道远。特别是进入21世纪以来，在我国经济高速增长时期，环境污染事件频发：松花江重大水污染事件、河北白洋淀死鱼事件、太湖水污染事件、福建紫金矿业溃坝事件等严重损害生态环境，甚至危害人体健康，也使社会经济与人民财产遭受重创。当前，我国经济转向高质量发展阶段，但生态文明建设正处于压力叠加、负重前行的关键时期。2019年全国337个地级及以上城市中，环境空气质量达标的城市有157个，占比46.6%；180个城市环境空气质量超标，占比超过50%[①]。六项污染物中（$PM_{2.5}$、PM_{10}、O_3、SO_2、NO_2与CO），$PM_{2.5}$与O_3超标天数比例进一步上升。此外，在经济下行的压力下，传统高耗能行业规模出现扩张态势，例如粗钢产量为99634万吨，同比增长8.3%；水泥产量为233036万吨，同比增长6.1%；乙烯产量为2052万吨，同比增长9.4%；平板玻璃产量为92670万重量箱，同比增长6.6%；焦炭产量为47126万吨，同比增长5.2%等[②]。一些重点地区高耗能行业增长势头更加明显，生态环境治理与改善难度进一步提高。虽然我国的产业结构不断调整，经济发展方式逐步转变，但以重化工为主的产业结构、以煤为主的能源结构与以公路货运为主的运输结构还未根本改变，生态环境保护依旧存在短板与薄弱环节。

同时，世界经济发展形势错综复杂，环境、经济与政治问题紧密联系，对生态环境治理造成一定影响。单边主义、保护主义、逆全球化等，既无益于资源高效配置，也会对全球生态环境保护产生不利影响。2017年6月，美国宣布退出《巴黎协定》，不断放松生态环境保护政策，在温室气体排放、节能技术推广等方面"开倒车"。2019年11月，

---

① 中华人民共和国生态环境部：《2019中国生态环境状况公报》，http://www.luoshan.gov.cn/ueditor/php/upload/file/20200603/1591143599925042.pdf，2020年6月2日。

② 国家统计局：《2019年国民经济运行总体平稳，发展主要预期目标较好实现》，http://www.stats.gov.cn/tjsj/zxfb/202001/t20200117_1723383.html，2020年1月17日。

美国政府正式启动退出程序。作为全球温室气体排放、固体废弃物出口、人均塑料消费大国，美国这一举措将导致全球一致行动的效果大打折扣。发达国家不愿帮助他国，将削弱发展中国家应对气候变化的能力。此外，发达国家不带头减排，就很难确保其他国家履行承诺，最终造成世界气候加速变化，对人类生存环境产生威胁。同年，欧洲多国高温肆虐、亚马孙雨林火灾、印度空气严重污染等加剧了环境治理难度。

环境问题不但与健康息息相关，而且会影响经济发展。经过一些学者测算，我国各地区环境污染的成本高于世界银行测算结果，约占人均实际国内生产总值的 8%～10%，并且这一结果尚未考虑自然资源的消耗，否则环境成本占比会更多。与经济欠发达地区相比，发达地区的环境污染成本更高（杨继生等，2013）。随着我国污染物排放量的增加，环境污染经济损失逐渐增加（肖士恩、雷家骕，2011）。为保证经济能够持续健康发展，环境问题必须解决，因而需要转变经济发展方式，并进一步加强环境规制。2017 年 10 月，党的十九大提出我国经济已经由高速增长阶段转向高质量发展阶段，必须坚持质量第一、效益优先。同时，把生态文明的地位提升到中华民族永续发展的"千年大计"，主张实施最严格的生态环境保护制度，逐步形成绿色发展方式与生活方式。这表明，中国特色社会主义进入新时代，生态环境保护也进入新时代。这对我国的生态环境保护提出了更高标准与更严要求，同时也带来更大的机遇。生态环境问题产生的根本原因在于粗放型经济增长方式，为解决环境问题，必须转变原有过多依赖物质资源消耗、环境消耗、规模粗放扩张的发展方式，推动质量、效率与动力变革。大量的排放与污染不但不是我国的发展目标，反过来还会影响经济更长远地发展。因此，实现高质量发展，应充分发挥生态环境保护在推进供给侧结构性改革、加快产业结构优化升级等方面的重要作用，助力经济发展方式转变，增长动力转换。从这个层面来理解，强化生态环境保护与提高经济增长质量是完全一致的。2020 年《政府工作报告》因考虑到全球新冠肺炎疫情与经贸形势的不确定性，没有提出全年经济增速具体目标，但这也体现出了我国已适度淡化国内生产总值增长速度,更加强调经济质量。此外,该报告强调应提高生态环境治理成效,突出依法、科学、精准治污。2020年10月,中共十九届五中全会提出了到2035年基本实现社会主义现代化远景目标,其中包括"广泛形成绿色生产生活方式,碳排放达峰后稳中有降,生态环境根本好转,美丽中国建设目标基本实现"[①],这就需要政府加强环境规制并合理利用多种规制方式,持续改善环境质量。

世界正处于百年未有之大变局,为加快形成以国内大循环为主体、国内国际双循环相互促进的新发展格局,应抓住扩大内需这个战略基点,并提高经济治理水平扩大影响力,实现高质量发展。环境规制的实施势必会对经济产生一定影响,可能根据"遵循成本说"阻碍经济增长,也可能根据"创新补偿说"促进经济增长。面对机遇与挑战,生态环境高水平保护与经济高质量发展能否协同推进?基于以上背景,研究我国环境规制对经济增长质量的影响具有重要意义。

二、研究意义

在环境规制的相关研究中,环境规制与经济增长的关系是学者们关注的重点。在庆祝改革开放四十周年大会上,习近平总书记重申了发展的重要性与关键性:"必须坚持以发展为第一要务,不断增强我国综合国力。"[②] 通过不断发展,使我国彻底摆脱贫穷与落后,能够满足人民基本物质性需要,进而满足社会性需要与精神文化需要。但快速发展的背后是生态环境恶化,用牺牲环境的手段换取所谓的经济发展属于短视行为,所造成的恶果逐渐显现,危害人体健康也不利于经济持续增长。

---

① 《中华人民共和国国民经济和社会发展第十四个五年规划和2035年远景目标纲要》,人民出版社2021年版。

② 习近平:《在庆祝改革开放40周年大会上的讲话》,人民出版社2018年版。

以雾霾为例,针对淮河以南、以北的降尘浓度研究显示,降尘浓度每立方米增加 100 微克,当地居民预期寿命将会减少 3 年,淮河以北由于需要燃煤取暖,因而其预期寿命减少了约 5 年①。严重的环境污染事件不但造成健康问题,而且会引发社会问题,因此,进行污染防治与生态环境保护势在必行。由于环境所提供的物品或服务具有非市场化与公共品属性,且具有跨时空特性,因而环境的价值难以用货币度量、环境的产权难以精确界定,加之环境可能不可持续,造成了环境问题具有负外部性。对此,环境规制是最具有针对性的有效手段(李毅等,2020)。环境规制无疑对治污减排具有积极影响,但却可能对经济增长产生消极影响。这就要求尽最大可能降低环境规制的负面作用,实现二者的共同发展。

环境规制对经济增长的影响在学术界尚未形成统一观点,特别是对经济增长质量的影响更没有达成一致看法。环境规制对经济增长质量以及经济增长质量各个维度会产生何种影响,有待进一步研究。在经济高质量发展大背景下,围绕环境规制对经济增长质量的影响解开上述疑问,具有较为重要的理论意义与现实意义。

(一)理论意义

学术界对于环境规制对经济增长的影响研究较多,随着我国经济逐步迈向高质量发展新时代,研究环境规制对经济增长质量的影响能够进一步丰富环境规制与经济增长质量的相关理论,为实现高水平的环境规制与经济增长双赢提供理论依据。首先,本书分析了环境规制对经济增长质量的影响机制。在界定经济增长质量内涵基础上,从经济增长的效率维度、结构维度、稳定性维度、持续性维度与开放性维度深入剖析环境规制对经济增长质量的影响机制,揭示了环境规制的作用机理,填补了环境规制对经济增长质量影响机制的理论空白。其次,本书系统梳理

---

① 陈辉:《钟南山:灰霾每立方米增 100 微克,预期寿命短 3 年》,载《南方都市报》2014 年 3 月 7 日。

了我国环境规制的历史演进。将经济发展背景与环境规制立法、机构情况相结合,划分我国环境规制发展阶段。根据经济体制、经济增长方式以及环境与经济关系的变化,总结出我国环境规制的主要特征及存在问题。通过厘清我国环境规制的发展历程,进一步丰富环境规制的相关理论。最后,本书进行了环境规制影响经济增长质量的实证检验。揭示环境规制对经济增长质量及其各个维度的具体影响,对于进一步完善我国环境规制体系,协同推进生态环境高水平保护与经济高质量发展具有重要的理论意义。

(二)现实意义

当前及今后一个时期,经济社会发展的主题为"推动高质量发展",社会主要矛盾已经转化,发展中的矛盾与问题集中体现在发展质量上。经济发展方式已逐步转变,生态环境与经济增长的关系已不再对立。虽然我国的环境规制效果显著,但在实践中依然存在许多问题。为实现绿色低碳发展,必须深入贯彻落实可持续发展战略,完善生态文明领域统筹协调机制。建立健全环境规制体系,有利于持续改善环境质量,提高生态系统质量与稳定性以及全面提高资源利用效率,为全球生态文明建设谋划"美丽中国"目标。不断优化与完善环境规制也是顺应时代、担负使命、推进国家生态环境治理体系与治理能力现代化的必由之路。在"全面小康"进入"全面现代化"的历史交汇点,面对日趋复杂的外部环境,测度我国经济增长质量进而分析环境规制对于经济增长质量及其各个维度的影响能够为政府部门制定相关政策提供依据,为开展相关工作提供方向指引与行动指南,以提高发展的质量。此外,由于发展的不平衡不充分,不同地区环境规制与经济增长质量的发展程度各异。检验环境规制对经济增长质量及其各维度的影响是否存在地区异质性,能够避免"一刀切"政策,为各区域根据各自实际情况制定差异化政策提供参考,对于实现经济与环境的协调发展具有重要的现实意义。

第二节 研究内容与框架

一、研究内容

本书研究的主要内容为环境规制对经济增长质量的影响。第一，在对相关国内外文献回顾与梳理的基础上，结合环境规制与经济增长质量相关理论，剖析环境规制对经济增长质量的影响机制。第二，通过梳理我国环境规制的历史演进，总结环境规制的主要特征与存在问题。第三，构建经济增长质量指标体系，对我国经济增长质量进行测度并分析其动态变化。第四，运用我国2002~2018年30个省份面板数据，构建动态面板回归模型进行环境规制影响经济增长质量的实证检验。第五，总结研究结论并提出对策建议。本书分为七个章节，各章具体内容如下：

第一章为绪论。本章主要介绍本书的选题背景、研究的理论意义与现实意义、研究内容与框架结构、研究方法以及创新与不足之处。

第二章为文献综述。从环境规制的定义与方式、经济增长质量的内涵与测度、局部视角下环境规制对经济增长质量的影响以及整体视角下环境规制对经济增长质量的影响四个方面对国内外相关文献进行梳理，对相关学者的观点与研究成果进行分类归纳，并进行文献述评，以总结该领域的研究脉络与特点、不足之处以及有待进一步深入研究的方面。

第三章为环境规制影响经济增长质量的理论分析。首先，在分析与比较狭义视角与广义视角的经济增长质量的基础上，对本书经济增长质量的内涵予以界定。其次，构建环境规制的供需均衡模型、社会福利最大化与财税目标最大化的最优规制政策模型，分析环境规制的动因与目标。最后，从经济增长的效率、结构、稳定性、持续性与开放性五个维度分析环境规制对经济增长质量的影响机制。

第四章为中国环境规制的历史演进与现状分析。首先，结合经济发展背景和环境规制立法与机构情况，系统梳理我国环境规制的历史演进，并将其划分为改革开放初期环境规制逐步加强（1978~1991年）、市场经济体制确立后环境规制快速发展（1992~2001年）、21世纪以来环境规制不断完善（2002~2011年）与新常态下环境规制全面提升（2012年至今）四个阶段。其次，结合经济体制、经济增长方式以及环境与经济关系的变化，总结我国环境规制的主要特征。最后，分析我国环境规制存在的主要问题。

第五章为中国经济增长质量的测度及其动态变化。首先，按照经济效率、经济结构、经济稳定性、经济持续性与经济开放性五个维度构建经济增长质量的指标体系。其次，在介绍与比较各种评价方法后，选取全局主成分分析法对2002~2018年我国30个省份的面板数据进行测度。最后，依据测度结果从省级、区域与全国层面对我国经济增长质量及其五个维度进行时间与空间的动态比较分析。

第六章为环境规制影响经济增长质量的实证检验。建立动态面板回归模型进行环境规制对经济增长质量及其效率、结构、稳定性、持续性与开放性五个维度影响的实证检验，并运用工具变量法与替换变量法进行稳健性检验。此外，进一步将我国划分为东、中、西部进行地区异质性检验。

第七章为结论与对策建议。从理论层面、实践层面与实证层面对本书的研究结果进行总结，并从破除环境规制困境、实现多元共治，创新环境规制方式、优化市场化与公众参与机制，禁止"一刀切"政策、探索差异化规制，明确环境责任、规范权力运行，提升风险预警能力、构建智慧化环境规制体系五个方面提出相应的对策建议。

二、研究框架

基于以上各章主要内容，为更加形象地表明研究思路，笔者将本书框架结构绘制成以下技术路线图（见图1-1）。

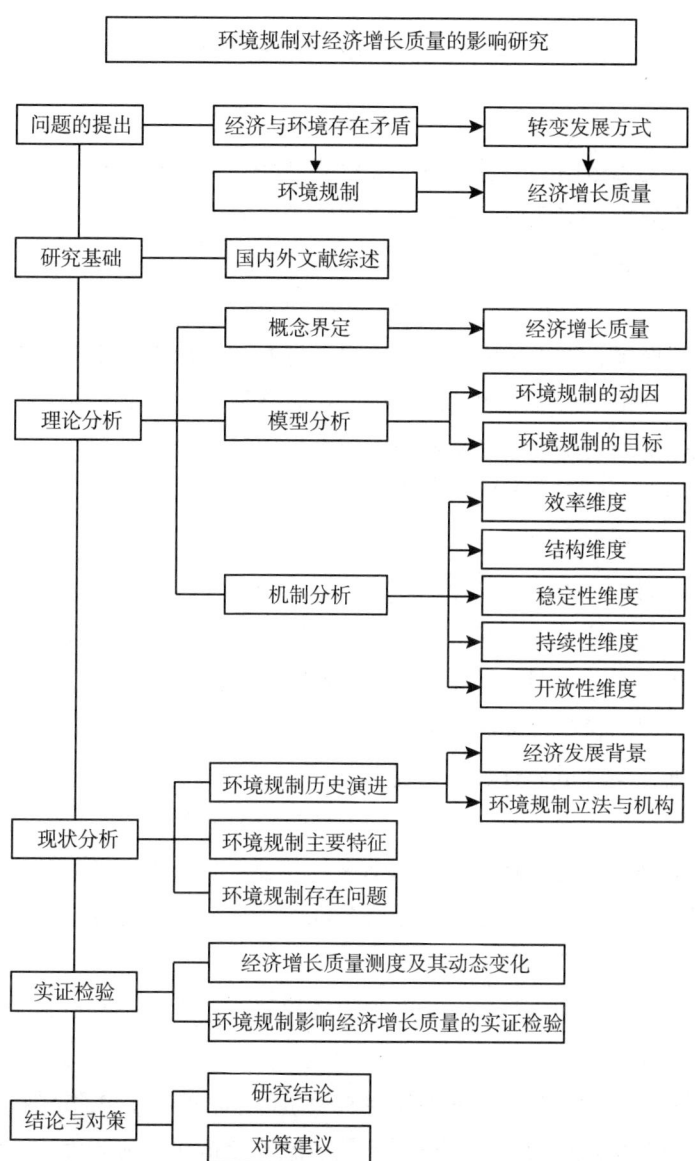

图 1-1 环境规制对经济增长质量的影响研究技术路线

第三节 研究方法

本书主要运用文献分析法、数理模型法、历史分析法、比较分析法、理论分析与实证检验相结合的方法对环境规制对经济增长质量的影响进行深入研究。

第一，文献分析法。通过搜集、整理国内外相关文献，了解并归纳相关研究成果，本书对环境规制的定义与方式、经济增长质量的内涵与测度、局部视角下环境规制对经济增长质量的影响以及整体视角下环境规制对经济增长质量的影响四个方面内容进行系统梳理，总结并分析现有文献的研究思路与方法，为进一步研究奠定基础。

第二，数理模型法。本书依托环境规制相关理论，利用数学符号与数字算式的推导来研究与揭示环境规制的动因与目标，以便于权衡各方找到最优的环境规制；建立环境规制的供需均衡模型，分析环境规制的动因，建立社会福利最大化与财税目标最大化的最优规制政策模型，剖析环境规制的目标选择。数理模型的引入使分析过程与结果的表述更为简洁清晰，推理更加直观与精确。

第三，历史分析法。本书利用发展与变化的观点分析我国环境规制的历史演进，通过把环境规制的不同阶段进行联系与比较，总结其发展趋势与主要特征。由于环境规制所呈现的变化具有历史根源，因而必须充分考虑其经济社会背景，不仅关注当前，还要联系过去与将来，把环境规制置于发展的过程中。只有追根溯源，才能弄清环境规制与经济发展关系的来龙去脉。

第四，比较分析法。在经济增长质量的测算部分，本书对各种评价方法进行介绍与比较，最终选择全局主成分分析法作为评价方法；在经济增长质量的动态变化分析部分，从纵向与横向两个维度对经济增长质量及其五个维度进行比较，从省级、区域与全国层面进行时间与空间的动态比较分析；在实证检验部分，通过比较差分 GMM、水平 GMM 与系统 GMM，最终选择系统 GMM 对动态面板模型进行回归估计，并进一步将我国划分为东、中、西部进行比较分析。

第五，理论分析与实证检验相结合的方法。在梳理相关文献的基础上，本书结合环境规制与经济增长质量相关理论，从经济增长的效率、结构、稳定性、持续性与开放性五个维度分析环境规制对经济增长质量的影响机制。理论分析后，利用我国 2002~2018 年 30 个省份面板数据构建动态面板回归模型，运用系统 GMM 进行环境规制对经济增长质量及其五个维度影响的实证检验。本书将理论分析与实证检验有效结合，通过定性分析与定量分析，试图对环境规制对经济增长质量的影响进行更加全面、科学、准确的分析与判断。

第四节　创新与不足之处

一、创新之处

本书在我国经济已逐步转向高质量发展阶段、人民群众对良好生态环境的渴望日益迫切的时代背景下，以环境规制对经济增长质量的影响为主题，进行理论分析、现状分析与实证检验。创新之处体现在以下几个方面：

第一，视角创新。现有文献在分析环境规制对经济增长的影响问题上，大多从经济增长的数量上研究，例如规模或速度，缺乏对经济增长质量的研究。然而，我国经济已由高速增长阶段转向高质量发展阶段。高质量发展标定了中国经济发展新方位，是新时代建设社会主义现代化强国的必然选择。贯彻新发展理念、推动高质量发展，是中央经济工作会议所确定的 2020 年重点工作，也是我国"十四五"时期经济社会发展的主题。因此，在经济增长这一问题上考虑数量的同时应更加注重质量。本书基于此，考察环境规制对经济增长质量的影响，试图寻找二者双赢的途径。

第二，方法创新。虽然已有一些学者研究环境规制对经济增长质量的影响，但都是从某一具体角度入手，例如产业结构、技术创新、对外贸易等，具有片面性与局限性。部分学者以全要素生产率或绿色全要素生产率作为经济增长质量的代理变量，可能忽略了经济增长质量中的其他因素。若选择一些指标对经济增长质量进行综合评价，多数学者采用经典主成分分析法。而本书将时序分析与主成分分析法相结合，利用全局主成分分析法测算经济增长质量综合指标，更具有全面性。在实证检验中，加入了环境规制的二次项，考虑到各地经济增长质量是渐进调整与连续动态的，所以构建了动态面板模型以考察环境规制与经济增长质量及其各个维度之间的非线性关系。此外，本书进一步将我国划分为东、中、西部进行地区异质性检验。

第三，理论创新。部分文献在研究环境规制对经济增长影响的问题上，区分了经济增长数量与质量，但缺乏对质量的深度剖析。对于经济增长质量的界定，狭义视角下经济增长质量的内涵过于片面与局限，而广义视角下可能把经济增长数量以外的各种因素都囊括其中，造成内涵过于宽泛，外延无法确定。本书把经济增长质量界定为与经济增长具有密切联系的经济方面的内容，包括经济增长的效率、结构、稳定性、持续性与开放性五个方面；在环境规制对经济增长质量的影响机制上，突破"遵循成本说"与"创新补偿说"，从五个维度深入剖析环境规制对经济增长质量的作用机理；此外，利用相关数据进行实证检验，在研究环境规制对经济增长质量总体指标的影响上，进一步研究环境规制对经济增长质量各个维度的影响，并进行区域划分，以期从各方面厘清环境规制对经济增长质量的影响。

二、不足之处

环境规制对经济增长的影响研究较多，而环境规制对于经济增长质量影响的研究远没有其丰富，可供借鉴学习的相关材料不多，加之作者能力与水平有限，因而存在一些不足之处，有待进一步改进与深入研究。

第一，对于环境规制的指标选取，尚未突破现有研究的常用方式，受限于相关数据的可获得性以及作者能力，还未能够精准、全面测量环境规制。此外，在进行实证检验中，本书将样本时间设定为 2002～2018 年，虽然已经能够反映环境规制不断完善后对经济增长质量的影响，但与我国经济社会发展历史相比，尚且不够。为更加全面完整地反映二者关系，样本的时间跨度可在相关数据能够获取的条件下进一步延长。

第二，环境规制的方式多种多样，而本书在进行理论分析与实证检验中并没有详细划分。命令控制型、市场激励型、公众参与型等不同环境规制方式对经济的影响具有差异，而本书在环境规制对经济增长质量的影响机制与实证检验中尚未加以区分，未来将进一步搜集各类环境规制相关数据，进行更深层次的研究与拓展。

第二章

文献综述

第一节 环境规制的定义与方式

"规制"一词来源于英文 regulation 的翻译,也可称为"管制""监管"等,是指政府运用其强制力限制经济主体的自由决策(Viscusi et al., 1995)。这种强制力体现在直接干预市场机制或者间接改变企业与消费者供需决策的一般规则或特殊行为(丹尼尔,1999)。随着经济快速发展,生产技术日新月异地进步,人们开始注重食品、药品等方面问题。由于许多经济行为会产生严重的负面影响,西方发达国家对社会性规制开始重视起来,20 世纪 70 年代理论界开始较为系统地研究社会性规制问题。植草益(1992)把其定义为:以保障劳动者与消费者的安全、健康、卫生、环境保护、防止灾害为目标,对产品和服务的质量以及随之产生的各种活动制定相关标准,并禁止、限制特定行为的规制。显然,环境规制隶属于社会性规制领域,是政府为达到经济与环境相协调的目标所实施的一系列环保政策与措施。根据国际标准化组织发布的 ISO14001 认证标准,环境规制是指:一个组织对它总体环境工作的意图与原则的说明,它为行动提供框架,并需据此建立它的环境对象与目标。法国制定的 NFX30-200 对环境规制的解释为:一个组织或实体的总裁正式陈述的关于环境的目标，环境规制是一般政策的组成部分，环境政策应尊重环境立法与法规。

环境规制的方式具有多种划分方法，例如依据环境规制支出资金的类型可分为投资型与费用型环境规制、依据经济主体意愿可分为自愿型与非自愿型环境规制、依据政策实施机制可分为正式与非正式环境规制、依据规制形式可分为显性与隐性环境规制等，其具体环境规制手段主要分为三种类型，即命令控制型、市场激励型与公众参与型。命令控制型环境规制包括标准制定、配额使用等，利用行政命令确实能在一段时间内卓有成效，但效率偏低。将其与市场激励型环境规制对比，为达到相同的环境要求，命令控制型环境规制所需要的成本是市场激励型环境规制的几倍甚至几十倍（Atkinson & Lewis，1974）。随后，大量学者运用实证研究的方法证明了此项结论（Seskin et al.，1983；Tietenberg，1990），并认为高成本与信息不对称密不可分，政府为获取准确信息耗费大量人力物力财力，而市场则相对透明化，若把信息不对称问题解决，则两种规制工具的成本差异将不复存在（Kwerel，1977）。市场激励型环境规制通常包括排污权交易、排污收费、环境税收、押金—返还、财政信贷刺激等，依托市场信号引导经济主体排污行为。因此，此种方式有利于激励企业创新排污技术，降低污染控制成本，易获得同行业竞争优势地位（Malueg，1989）。随着收入不断提高，公民对环境问题愈发关注，公众参与型环境规制显著增多。公众参与型环境规制包括信息公开、公众参与、自愿环境协议、环境听证制度等，通过发布信息、鼓励等方式引导公众产生环境保护行为，增强环境保护意识（世界银行环境局等，1998）。以上几种环境规制手段各有利弊，对于经济增长或技术创新来说，最优的环境规制工具并不存在，环境规制工具能否最大限度发挥作用取决于所处的环境（Geels & Schot，2007）。

国内学者普遍认为不同的经济运行体制决定了各类环境规制工具的实施效果，因此经济发展阶段与地域成了关键因素。环境规制工具在不同时期适用性不同，若以2007年为界限划分为两个阶段，命令控制型规制工具则在第一阶段（2007年以前）发挥主要作用，但会降低第二阶段（2007年以后）节能减排的效率。市场激励型与公众参与型规制工具正好相反，在第一阶段未能对节能减排效率产生影响，但在第二阶段成为提高效率的重要因素（黄清煌、高明，2016）。王红梅（2016）利用贝叶斯模型平均（BMA）方法证实了当前我国环境问题最有效的治理工具类型为命令控制型与市场激励型，公众参与型等其他工具有效性则相对较低。事实上，虽然市场激励型环境规制比命令控制型环境规制更加灵活，但现阶段国内环境规制方式仍以命令控制型为主，随着市场经济的快速发展与完善，市场激励型规制工具将成为主流（姚林如等，2017）。具体到地区而言，命令控制型与市场激励型环境规制工具均会对西部地区技术创新有正向影响，但命令控制型规制工具的促进作用更加显著（王小宁、周晓唯，2014）。梁劲锐（2019）认为针对节能技术创新，命令控制型规制工具在东部和西部地区具有负向影响，却在中部地区具有正向影响；公众参与型规制工具在东部地区产生负面作用，而在中西部地区呈现促进作用。任小静和屈小娥（2020）认为不同环境规制工具对不同地区生态效率的影响差异显著，市场激励型规制工具只能改善东部地区生态环境，对中西部地区具有负向影响，公众参与型规制工具系数对中西部均不显著。因此，政府在进行环境规制方式选择时应全面考虑时期、地域、成本、效率、可行性等，并进行工具间的搭配组合使用与差别对待。

第二节 经济增长质量的内涵与测度

宏观经济学中经济增长可以表示为国内生产总值的增加，GDP通常被认为是衡量经济表现的最佳指标，总量规模的扩大即为经济增长数量突出特征（曼昆，2015）。但卡马耶夫（1977）认为社会主义经济增长应包含两个方面，一方面是产品数量的增长速度，另一方面是合理规划生产中的资源投入，大幅提高使用效率与产品质量，即经济增长的质量。因此，经济增长不应只用单一指标来衡量。在新古典经济思想盛行、只关注 GDP 增速的时代下,他对于经济增长质量的阐述具有预见性,但"效率即是经济增长质量"的思想较为片面,属于狭义视角的经济增长质量。现代社会广泛认同的则是从更为广义的视角去定义经济增长质量,涉及经济、社会、环境等,例如机会分配、环境问题、风险管理与治理结构,高质量的经济增长可修正增长速度方面的不足,实现人类福利(Thomas et al.,2001)。巴罗(Barro,2002)把这一范围进一步拓宽,认为教育水平、健康状况、生育、收入、福利待遇、法律与秩序、政治和宗教等都是影响经济增长质量的重要因素。姆拉奇拉等(Mlachila et al.,2017)在此基础上构建了增长质量指数(QGI),从增长内在性质与社会成果两个维度对 90 多个发展中国家进行测算,并认为较高增长率与较持久的社会友好型增长才是高质量的增长。一些国际组织与机构对于经济增长也有了新的衡量标准,联合国开发计划署在《1990 年人文发展报告》中创立了人文发展指数,突破原有 GDP 或 GNP 的衡量标准,以教育程度、预期寿命和生活水平的综合指标评估各国经济社会发展水平。2007 年亚洲开发银行提出"包容性增长"这一概念,与单纯追求经济增长不同,其更倡导平等与公平,强调经济与社会协调的可持续性发展。

国内对于经济增长质量的研究始于 20 世纪 90 年代。朱启财、罗剑梅(1991)认为质量型的增长模式是指:在保持一定增长率的条件下,依托生产要素利用率与消费效果的提高,由产品、技术与产业结构改善升级而引起的经济增长关系。王积业(2000)认为经济增长是数量增加与质量提高的过程,二者缺一不可,其中,资源利用的改进与要素生产率的提高是经济质量改善的主要来源。然而,影响经济增长质量的因素还应包括就业率、居民消费水平与消费质量、收入差距的合理程度等(戴武堂,2003)。马建新和申世军(2007)在此基础上,把经济增长质量界定为经济体在经济效益、增长潜力、增长方式、社会效益、环境等各个方面所体现的与经济数量增长路径的一致性、协调性。若从产出的层面看,其表现为单位经济增长率所含有的剩余产品;若从投入的层面看,其表现为单位经济增长率中投入的资金与物资(洪银兴,2010)。

任保平(2012)认为经济增长质量是数量达到某一范围基础上,经济增长的效率、稳定性与创新性均提高,结构更加优化,福利更加完善,最终使经济增长长期持续。显然,经济增长质量关注的是增长结果与前景,且是一个复合概念。一些学者从"五大发展理念"视角解读经济增长质量,认为质量体现在创新、协调、绿色、开放与共享的各个方面(詹新宇、崔培培,2016)。

2017年党的十九大首次提出"高质量发展"这一表述,表明我国经济由高速增长阶段转向高质量发展阶段。此后,学术界对经济增长质量方面的研究显著增多,特别是对高质量发展的研究开始快速增长。金碚(2018)通过对高质量的经济学性质的分析,认为高质量发展具有较强的动态性,是一种可以更好满足人民日益增长的真实需求的发展方式。若把其分为三个层面,则第一层面为发展的基本面,体现在经济增长强度稳定、结构合理,并实现充分对外开放;第二层面为发展的社会成果,体现在经济发展成果共享,建设创新型国家;第三层面为发展的生态成果,体现在提高生态环境保护力度(师博、张冰瑶,2018)。若从社会学角度进行分析,则高质量发展就是形成较高质量的社会结构,实现社会现代化建设(宋国恺,2018)。卢现祥(2020)认为高质量发展并不仅仅指以上几个方面,还应包括要素的转变,即从行政化配置转为市场化配置,通过要素的市场化解决资源配置扭曲与创新缺乏问题,从而真正实现高质量发展。

一些学者将研究重点放在操作层面,构建了经济增长质量的指标体系,对国家或地区的经济增长质量进行测算与评价。部分学者从时间层面进行纵向考察,构建以经济增长方式、经济增长过程、经济增长结果与经济增长潜力为一级指标的指标体系,利用层析分析法进行评估(王君磊等,2007)。更多的学者进行横向考察,把经济增长质量划分为若干维度进行综合评价。肖红叶和李腊生(1998)从经济增长的稳定性、协调性、持续性与潜能性四个方面进行实证研究。李俊霖和叶宗裕(2009)设定有效性、稳定性、创新性、协调性、分享性和持续性六大类指标,利用主成分组合法进行评价。钞小静和惠康(2009)、随洪光

(2013)、朱楠和郭晗（2014）等也运用了主成分分析法，但指数构建略有差别。经济增长质量指数可以划分为经济增长的结构、稳定性、福利变化与成果分配、资源利用与生态环境代价四个维度，也可以划分为增长效率、增长稳定性和可持续性三个维度，还可以划分为经济增长的效率、结构、稳定性、福利变化与成果分配、生态环境代价和国民经济素质六个维度。还有一些学者直接以"五大发展理念"的五个维度构建指标体系，并利用层析分析法、BP神经网络、熵值法等进行主客观赋权法相结合的组合评价（李梦欣、任保平，2018；高志刚、克魁，2020）。

第三节 局部视角下环境规制对经济增长质量的影响

一、遵循成本说

西方学者早期认为环境规制是由于环境的外部性所产生的需求，特别是负外部性，在外部性内部化的过程中，企业生产成本增加，不利于经济增长，即"遵循成本说"。乔根森和威尔科森（Jorgenson & Wilcoxen，1990）对美国 1973～1985 年的经济增长率进行分析，发现在实施环境规制后，企业在环境保护方面的费用增加，导致经营成本提高，造成经济增长率下降。同时，为满足环境规制要求，一些生产设备需要更新升级，人力资本需要加大投入，导致企业生产成本增加，市场竞争力减弱（Dean & Brown，1995）。环境规制不但会改变原有生产工艺与流程，而且会使管理流程与形式发生变化，增加企业管理成本，而这种成本最终会转嫁到产品价格上，造成产品在价格上缺乏竞争优势（Barthold et al.，1987）。总而言之，环境规制使企业成本负担加重，对企业绩效产生不利影响（Simpson & Bradford，1996）。国内学者把企业的环境成本进行分类,包括规制成本与机会成本。企业为达到既定环境标准而产生的一切费用、因污染支付的损失赔偿以及为完成目标而进行的资源转移所增加的间接成本都属于规制成本;而规制以外的机会成本是指因环境业绩的降低导致的发展机会、竞争机会的流失。毫无疑问,环境规制会增加企业以上所有的成本(马中东、陈莹,2010)。周灵(2014)认为,受环境规制影响的企业成本主要是环境服从成本与环境违规成本。为履行环保责任,企业会根据环境规制进行内部治理,资源开采、原料选择、生产流程、运输方式、商品使用与回收等各个环节需按规定进行调整,以解决环境问题。若企业不愿付出服从成本,则会出现违规成本。当环境规制的成本分摊机制不健全时,会抑制经济增长,例如水资源、矿产资源等遭到污染或破坏,政府采取相应措施进行维护,导致企业使用资源或能源成本上升,对经济发展产生约束效应。龙小宁和万威(2017)通过理论模型进行分析,发现环境规制会使合规成本较高的小规模企业的利润率下降,并缩减企业数量。

一些学者从生产率的视角进行分析,认为环境规制降低生产效率,对经济增长产生负面影响。斯蒂芬斯和丹尼森(Stephens & Denison,1981)以劳动生产率为视角对美国1972～1975年的相关数据进行分析,认为环境规制的实施使美国劳动生产率降低16%。以具体行业为例,限制二氧化硫排放政策使1973～1979年的美国电力产业生产率降低0.59%(Gollop & Roberts,1983)。1958～1978年,美国职业安全与健康管理局(OSHA)的工人健康和安全法规以及环境保护局(EPA)的环境法规为生产率增长带来消极影响,这种规制导致了制造业生产率下降约30%(Gray,1987)。在西班牙,环境规制对家具以及木质产品制造业的产出也产生了不利影响,企业不得不牺牲大量潜在的期望产出,以便将投入重新分配到减少废物中去(Sancho et al.,2000)。在瑞士,农业生产力会随着环境政策改革而变化,对乳制品农场和农作物农场估计表明,通过遵守环境法规支付补贴导致生产技术与生产力发生重大改变,特别是土地、劳动力和肥料,补贴阻碍了生产率的提高(Bokusheva et al.,2012)。拉诺伊等(Lanoie et al.,2008)着重分析了全要素生产率，利用加拿大魁北克制造业数据，实证研究发现环境规制对其的当期影响为负。格林斯通等（Greenstone et al.，2012）利用美国 1972～1993 年的生产数据进行估算，认为严格的空气质量法规与制造工厂全要素生产率下降 2.6% 密切相关。还有一些学者认为环境规制会影响企业的决策，只注重低污染项目的发展规划将使企业发展潜力受限（Walley & Whiehead，1996）。

国内学者普遍针对环境规制与工业、能源等全要素生产率关系进行实证分析。李春米和毕超（2012）针对我国西部地区进行分析，发现环境规制不利于工业技术进步，从而间接制约了工业全要素生产率的提高。聂普焱和黄利（2013）把工业部门按照能源排放强度划分为高、中、低三档能耗产业，对 1999～2007 年环境规制强度与全要素能源生产率关系进行实证分析，结果表明环境规制不利于中度能耗产业全要素能源生产率的提高，而对于高度能耗产业来说其影响并不显著。王杰和刘斌（2014）认为环境规制与企业全要素生产率呈现倒"N"型关系，当环境规制较弱或过强，都会导致全要素生产率的下降。郭妍和张立光（2015）利用 1998～2012 年我国工业企业数据进行分析，发现环境规制提高 1%，全要素生产率下降 0.028%，较高的规制成本导致创新补偿效应被成本效应抵销。谢凡和杨兆庆（2015）认为，虽然环境规制提高环境质量改善劳动者身体健康有利于劳动生产率提高，但规制成本的转移也会影响生产率的增加，通过对京津冀 2000～2012 年的数据实证分析后发现，环境规制不利于劳动生产率的提高，同时这种负向影响具有时滞性。

部分学者进一步分析了环境规制对各行业绿色全要素生产率的影响，认为二者并非线性关系。殷宝庆（2012）认为环境规制与制造业绿色全要素生产率呈现"U"型关系，当环境规制较弱时，对绿色全要素生产率产生不利影响。若进一步把制造业分为重度、中度与轻度污染产业，则重度污染产业二者关系呈倒"U"型，中度与轻度污染产业二者关系为"U"型（李玲、陶锋，2012）。若把环境规制进行详细划分，则市场型环境规制与绿色全要素生产率呈倒"U"型关系（刘和旺、左文婷,2016),自愿协议型环境规制对绿色全要素生产率的影响呈"U"型,而命令控制型环境规制并未产生直接影响(蔡乌赶、周小亮,2017)。一些学者专门针对两控区政策进行分析,认为其对我国的绿色全要素生产率产生显著负向影响,两控区政策未对城市的绿色发展产生有利作用(李卫兵等,2019)。

二、波特假说

一些学者认为环境规制与企业竞争力能实现双赢,其中最具代表性的是波特(Porter,1991)的观点。他对传统理论提出质疑,认为在传统理论中,环境规制削弱企业竞争力是基于静态标准,即技术、需求与资源配置固定不变。但企业的竞争优势并非静态效率与固定约束下的最优行为,而是依托动态条件下的创新,因此对企业竞争力的界定应脱离静态模型。当环境规制被恰当实施时,可激励企业进行创新,提高生产效率,有利于经济增长。虽然环境规制会增加企业成本,但这种规制所带来的压力以及技术改进的明确方向会使企业提升技术创新,产生能够超过规制成本的"创新补偿"收益。相对于不受环境规制的企业来说,其可能具有绝对竞争优势。若其他国家环境规制宽松,相关标准较低,则在国际市场中凭借刺激创新有利于提升本国企业的竞争力与地位。因此,环境规制可视为企业竞争力的来源,而不是"遵循成本说"中的企业成本,这种观点被称为"波特假说",其理论基础为波特提出的"创新补偿理论"与"先动优势理论"。波特和林德(Porter & Linde,1995)对"创新补偿"的机理进一步分析,认为"创新补偿"可解释为产品补偿与过程补偿。随后"波特假说"被细化为"强波特假说""弱波特假说"与"狭义波特假说",强化了"波特假说"的适用性,引发了环境规制对于创新的不同探讨(Jaffe & Plamer,1997)。

一些学者运用实证分析的方法,从不同角度证明了"波特假说"的存在性。伯曼和布伊(Berman & Bui,2001)研究了空气质量规制对美国一些规制最严格的制造工厂(洛杉矶某些地区炼油厂)生产率的影响，发现在规制政策急剧增加的时期，炼油厂的生产率急剧上升，而其他地区炼油厂生产率下降，从而得出减排可以提高生产率的结论。对于巴西来说，1999~2003年严格的环境规制迫使炼油厂更新其生产工艺，在重新计划的情况下，环境规制带来了巨大的投资需求，以使流程和产品适应新标准，此案例证明了环境规制作为一种政策工具，有助于促使高污染行业技术创新与进步（Azevedo et al.，2010）。布伦纳迈尔和科恩斯（Brunnermeier & Cohen，2003）使用美国制造业1983~1992年的面板数据研究环境创新如何应对污染减排支出和规制执法的变化，发现污染治理成本增加会引发环境专利数量增加。滨本（Hamamoto，2006）研究了环境规制对日本制造业生产率提高的作用，实证结果表明污染控制支出与研发支出呈正相关，规制的严格性刺激研发投资增长，对全要素生产率的增长率产生积极影响。兰诺等（Lanoie et al.，2011）利用环境政策、研发支出、环境绩效和商业绩效四个主要元素验证各类"波特假说"的意义，通过分析7个经合组织国家约4200个制造业企业数据，发现研究结果对"弱波特假说"强烈支持，对"狭义波特假说"有限支持，但对"强波特假说"没有支持。

国内学者纷纷利用中国数据进行"波特假说"的检验。王国印和王动（2010）通过对我国东部地区1999~2007年面板数据实证分析，发现环境规制的加强会提高研发投入与专利申请数量，即环境规制对技术创新具有显著正面效应。孙学敏和王杰（2016）从三个层次检验"波特假说"，认为环境规制确实有利于企业研发，并且由环境规制引致的企业研发对于企业生产率具有显著促进作用。李卫红和白杨（2018）认为虽然环境规制并不是引发创新动机的最主要因素，但环境规制强度会影响企业研发投入与创新效果，在满足一定条件下，企业通过创新取得的经济绩效可以补偿环境规制成本。王兵和杨欣怡（2019）通过分析我国1981~2015年的相关数据，认为环境规制有利于研发，且对全要素生产率、产出、技术与规模效率均有正向影响。李思慧和徐保昌（2020）以我国260个地级市的技术创新数据作为研究对象进行实证检验，认为环境规制有利于技术创新，且对不同种类的技术创新具有差异性影响。具体到农业部门，该假说仍然成立。陶群山和胡浩（2011）运用安徽省农业生产数据进行协整分析与因果关系检验，认为环境规制与农业科技进步存在正向关系，且前者是后者的原因。具体到工业部门，污染减排费用支出可以激发更多的研发活动，污染控制资本性投资会同时提高环境绩效与劳动生产率（魏楚等，2015）。具体到战略性新兴部门，环境规制对技术创新具有促进作用，对研发处于初始阶段的企业来说，这种促进作用最强，随着研发强度增加，促进作用由弱变强（任优生、任保全，2016）。而一些学者认为，"波特假说"的成立要以一定类型的企业为前提条件。对于非国有工业企业，环境规制有利于企业绩效稳定显著增长（俞雅乖、张芳芳，2016）。刘和旺、向昌勇和郑世林（2018）认为，"弱波特假说"仅对非国有企业和高污染行业中的企业适用。

一些学者不支持"波特假说"，认为环境规制通过挤占效应与互斥效应可能会对技术创新产生负面作用。在经合组织国家中，对于普通企业而言，并没有"波特假说"存在的证据。然而环境规制下，较高生产力的企业会暂时提高生产力，较低生产力的企业会出现生产力下降（Albrizio et al.，2017）。瓦格纳（Wagner，2007）利用德国制造业的数据对环境创新、环境规制与专利行为的关系进行实证检验，结果显示环境管理体系的实施水平即环境规制对企业的专利活动具有负向作用。钦特拉肯（Chintrakarn，2008）利用1982~1994年48个州的面板数据，估算环境规制对美国各州制造业技术效率低下的影响，结果显示尽管各行业影响并不统一，但严格的环境规制确实导致了技术效率的下降。国内学者也对"波特假说"提出质疑，认为其不具有一般性。环境规制对企业竞争力的影响主要通过生产成本、产品差异以及企业对环境规制的反应来体现，但企业所处环境不同，则这种影响力就具有差异，因此不能完全迷信"波特假说"（许士春，2007）。吴清（2011）利用2001~2009年我国30个省份数据，对环境规制与企业技术创新二者关系进行实证检验，研究发现环境规制对技术进步的影响并不显著，影响技术进步的主要因素为经济规模与政府相关政策。李廉水和徐瑞（2016）利用2006～2011年我国制造业数据进行研究，发现从整体来看，环境规制未对技术创新产生显著影响。陈晓等（2019）运用递进回归方式进行实证检验，发现环境规制不利于技术创新能力提高，其原因为挤出效应。

还有一些学者认为环境规制对技术创新的影响是不确定的。卡雷尔（Calel，2011）认为环境规制对技术创新的双重作用使二者呈现非线性关系，排放价格始终会影响企业投资的减排技术类型。兰尼和罗雄法比恩（Lanoie & Rochon - Fabien，2012）认为环境规制在短期与长期内对技术创新的影响不同，不能一概而论。凯西杜和德米雷尔（Kesidou & Demirel，2012）基于1566个英国公司的数据集分析生态创新驱动力，发现严格的环境规制对于不同创新程度的公司的生态创新具有差异性影响。一些学者甚至认为环境规制对生产率毫无影响，二者没有显著的相关关系。通过人口普查局1979～1990年对68家制浆造纸厂、55家炼油厂和27家钢铁厂的普查数据进行分析，发现减排支出对生产的贡献几乎为零（Shadbegian & Gray，2005）。若把研究范围扩大到整个制造业工厂，而非污染较大行业的工厂，结果仍旧不变，环境规制对生产力没有统计意义上的显著影响（Becker，2011）。

国内学者分别从时间、区域、行业与规制类型等方面对此问题进行论证与检验。一些学者从时间角度切入，分析环境规制对技术创新的影响，发现二者存在"U"型、"～"型等关系。李平和慕绣如（2013）利用系统GMM与门槛回归进行实证检验，发现环境规制对创新的作用具有滞后性，在当期不利于技术创新，但在滞后期对技术创新有正面影响，在滞后二期这种影响最为显著。蒋伏心等（2013）利用江苏省2004～2011年制造业数据进行两步GMM法分析，发现环境规制与企业技术创新呈现"U"型关系，伴随环境规制的增强，影响由"抵消效应"转为"补偿效应"。而李婧（2013）认为二者的关系为倒"U"型，在环境规制加强过程中，企业技术创新效率先升后降。张倩认为环境规制对技术创新具有倒逼效应，但并不存在线性关系，而是"～"型或者倒"N"型关系。若把区域进行划分，则对于东部地区，"波特假说"成立，而中部地区不支持（王动、王国印，2011）。刘伟和薛景（2015）认为，对于东部和西部地区，环境规制与工业行业技术创新呈"U"型关系，对于中部地区二者仅具有线性关系。毛建辉（2019）基于我国 2004～2015 年数据进行考察，发现环境规制对技术创新的促进作用仅限于东部地区。宋瑛等（2019）认为二者在东部地区呈现"U"型关系，中部地区环境规制不利于技术创新，而西部地区环境规制促进技术创新。若把行业进行具体划分，则环境规制对技术创新的影响存在异质性，对于轻度与中度污染行业，环境规制对技术创新有显著促进作用，但对于重度污染行业该影响并不显著（任胜钢等，2016）。若把规制类型进行划分，则市场型环境规制满足"波特假说"，而控制命令型环境规制却不能满足（万建香，2013）。投资型环境规制在低强度时更有利于工业绿色全要素生产率提高，费用型环境规制正相反，只有当规制超过一定强度时，才会对生产率的提高产生促进作用（陈玉龙、石慧，2017）。

三、"污染天堂"与"污染光环"

环境质量与外商直接投资有着千丝万缕的联系，国际贸易会引起污染的迁移。科普兰和泰勒（Copeland & Taylor, 1994）通过建立南北贸易模型研究国民收入、污染和国际贸易之间的联系，最早提出了"污染天堂"假说。该假说认为发达国家通常具有更强的环境保护措施，专门生产相对清洁的产品，由于发展中国家环境污染成本低、环境规制较为宽松，自由贸易会使发达国家把污染产业转移到发展中国家，使之成为"污染天堂"或"污染避难所"。针对这一问题，许多学者进行了论证。马尼和惠勒（Mani & Wheeler, 1998）通过跨国分析发现，在经合组织中，污染密集型产出占制造业总量的百分比一直在下降，而在发展中国家则稳定增长。此外，发展中国家污染密集型产品净出口快速增长的时期与经合组织经济体排污成本快速增长的时期相吻合，证实了"污染天堂"假说。但一些学者并没有找到污染转移的相关证据，后续研究发现，这是因为东道国的环境标准和跨国公司的污染强度很难衡量，数据通常为国家或行业级别等，若明确考虑东道国的腐败水平并使用转型经济体投资项目的公司级数据等便可解决早期文献中存在的问题，通过种种改进，对"污染天堂"支持的证据显著增多（Javorcik & Wei, 2001）。统计研究表明，美国化工和金属行业的外商直接投资与东道国严格的环境规制之间存在显著的负线性关系。通常情况下，宽松的环境政策会吸引更多来自美国的资本流入污染密集型行业，而对于污染较少的行业并没有类似的影响（Xing & Kolstad, 2002）。实际上，若把环境规制视为内生变量，其对贸易流向具有重要影响（Ederington & Minier, 2003）。列文森和泰勒（Levinson & Taylor, 2008）应用1977~1986年美国、加拿大和墨西哥之间130个制造业的贸易流量与美国相关法规对此进行了理论与实证考察，结果表明减排成本增加最多的行业净进口增幅最大，对于受环境规制影响最严重的二十个行业而言，归因于规制成本增加的净进口变化占同期贸易总额增长的一半以上。

对于我国是否会成为"污染天堂"，国内学者进行了大量研究。我国与他国环境规制的差异一定程度上会影响贸易的流向。当环境规制较强时，我国会进口大量的污染密集型产品，当环境规制较弱时，我国会出口污染密集型产品，成为发达国家的"污染天堂"（杨涛，2003）。周茂荣和祝佳（2008）认为，我国的经济增长方式为粗放型，加之环境法律法规不够健全，导致贸易的自由化对我国环境消极的规模与结构效应远超过积极的技术效应，最终贸易自由化使我国环境进一步恶化。陈刚（2009）利用1994~2006年面板数据考察外商直接投资与环境规制的关系，研究发现我国的环境规制对外商直接投资产生负面影响，地方政府有较大动机利用放松环境规制手段吸引外商直接投资的流入，使我国成为跨国污染企业的"污染天堂"。苏梽芳等（2011）也赞同"污染天堂"假说在我国成立，但认为造成环境压力增大的最重要原因并不是外商投资，而是自由贸易；另外，环境规制与对外贸易具有非对称关系，环境规制对对外贸易产生负面作用，但对外贸易却对环境治理的增强产生正面影响。史青（2013）认为外商直接投资对环境的影响与当地政府的廉洁程度有关,当前外商直接投资使当地的污染排放数量增加,但对污染排放密度的影响尚未得到定论。李国平等(2013)认为环境规制对外商直接投资的影响具有行业异质性,在技术密集度低、环境污染度高、研发投入低和垄断水平低的行业,环境规制对外商直接投资的负面作用更加显著。一些学者进一步对我国区域间是否存在"污染天堂"效应进行检验。在各省份环境规制强度不同的背景下,污染密集型产业从规制强度较大的省份转移到规制强度较小的省份,而中西部地区规制力度普遍低于东部地区,若不加重视,中西部地区将成为东部地区规避高强度环境规制的"污染天堂"(傅帅雄等,2011;董琨、白彬,2015)。

一些学者对此表示反对,并提出"污染光环"假说,认为来自发达国家的外商直接投资企业拥有较先进的技术,通过技术溢出效应使东道国提高生产效率与污染处理水平,有利于改善环境质量。经济学家和环保主义者通常认为,更大的经济"开放度"将导致发展中国家的工业污染加剧,但通过案例研究和计量经济学证据显示,受保护的经济体更倾向于污染密集型产业,而开放实际上是通过引进发达国家的污染标准来鼓励清洁产业(Birdsall & Wheeler,1993)。安特卫勒等(Antweiler et al.,1998)分析了贸易机会开放度如何影响污染浓度,对规模和技术弹性的估计表明:若对国际市场的开放使产量和收入都提高1%,则污染浓度就会下降约1%,从而得出更自由的贸易有利于环境的结论。莱彻马南和科达马(Letchumanan & Kodama,2000)从新技术贸易的角度探讨了"污染天堂"的有效性,认为在此过程中形成了有利于高新技术产业发展的国际技术转移新轨迹;采取积极措施促进外商直接投资不仅是技术升级的关键,还能通过转让环保产品和生产工艺来提高环境福利。实际上,跨国公司可以成为发展中国家环境友好技术的重要来源,因为它们的附属公司在采用现代环境技术和管理做法方面往往比当地公司更先进(Chudnovsky & Lopez,2003)。此外,跨国公司会排挤效率低下的当地公司,改变行业结构,并将更有效的技术引入东道国,提高生产力和能源效率,可能对发展中国家的环境产生有益的影响(Liang,2006)。黄等(Huang et al.,2017)认为外商直接投资企业表现出的更强的"环境公民意识"可以改善东道国的环境，包括降低污染和降低排放强度，利用2001~2012年我国30个省份的面板数据进行实证检验发现，主要来自经合组织成员国的外商直接投资对东道国的环境和经济绩效均有正向影响。

　　国内的一些学者认为"污染天堂"假说在我国并不成立，与资本积累、劳动力投入相比，环境规制强度的高低对产业竞争力的影响并不大（傅京燕，2008）。曾贤刚（2010）认为环境规制对各地区外商直接投资的流入的影响并不显著，格兰杰检验结果显示，环境规制与外商直接投资并不存在因果关系，因此"污染天堂"在我国成立的证据不足。严格来说，污染产业转移与国内工业企业生产导致了我国环境污染，但总体上污染产业转移并不是造成污染的最主要因素，相反，转移数量的增加有利于我国环境质量的改善（彭文斌等，2011）。林虎和刘冲（2012）利用1990~2006年面板数据进行检验，发现外商直接投资对我国环境产生有利影响，相反，国内投资对环境产生不利影响，并且产业结构、所有制结构与企业规模均会对污染产生显著作用。实际上，外商直接投资在地理上的集群会降低环境污染，但不同来源地的外商直接投资会对环境改善产生不同作用。例如，来自全球离岸金融中心的外商直接投资对环境改善产生显著积极作用，但东亚、欧美等发达国家的外商直接投资的改善作用却不明显（许和连、邓玉萍，2012）。外商直接投资对环境还具有门槛效应，在人均收入较高、人力资本较高与环境规制水平较高的阶段，外商直接投资对环境质量的改善产生积极作用，而在较低水平阶段则相反。就目前我国各省份实际情况，只有少数省份产生了积极影响，但随着各项水平的提高，积极作用会逐步增加（李子豪、刘辉煌，2013）。霍伟东等（2019）认为在经济发展起步阶段，外商直接投资会产生生产型创新溢出效应，东道国自然环境直接或间接通过此效应污染环境，满足"污染天堂"假说；在经济发展转型阶段，生产型创新溢出效应逐渐转化为生态型创新溢出效应，东道国自然环境直接或间接通过此效应减少环境污染，符合"污染光环"假说。

　　一些学者还发现，环境规制会影响外商直接投资的区位选择。贝克尔和亨德森（Becker & Henderson，2000）研究了《空气质量法规》的非预期效应，认为未达标地区污染企业的新增数量比达标地区低了26%~45%，表明环境规制对投资选址产生影响。李斯特和科（List & Co，2000）运用1986~1993年的州级数据，采用条件logit模型分析了环境规制对跨国公司新厂址决策的影响，结果显示环境规制的严格性与位置的吸引力成反比。凯勒和莱文森（Keller & Levinson，2002）认为，污染减排成本能够影响外资制造商（特别是污染密集型行业）资本和员工的模式与效率，并且对计划新建的外资制造设施产生影响。凯伦伯格（Kellenberg，2009）实证检验后发现，美国跨国公司的生产受到更严格的环境规制的负面影响，同时"污染天堂"效应可能是由更"自由"的行业而非传统意义上的高污染行业所驱动。一些国内学者甚至认为，环境规制是外商直接投资区位选择时的决定性因素，因为企业从利益最大化的角度出发会重点考虑成本问题，而较严格的环境规制会使跨国企业的环境污染治理投资大幅度增加（孙荪等，2012）。赵永亮等（2015）认为环境规制强度越高，企业向集聚区外部迁徙的意愿越强，而企业的社会责任感会对这种意愿产生抑制作用。王奇和蔡昕妤（2017）认为，来源国与东道国之间环境规制的差异与劳动力水平的差异会影响外商直接投资的区位选择。此外，环境规制与政府效率的交互作用也会对区位选择产生影响。滞后一期的外商直接投资对当期区位选择具有显著强化作用，政府效率对区位选择产生积极影响，而交互项对外商直接投资的选址具有倒"U"型调节关系，随着总体环境规制水平的提高，政府效率对外商直接投资的吸引力先升后降（许和连、郝静怡，2016）。若从企业角度出发，环境规制对污染较低的企业选址具有较大负面影响，而政绩考核指标不但直接影响选址，还会通过环境规制产生间接影响（张彩云等，2018）。环境规制对于东部地区新建企业的选址会产生不利影响，但对于已有企业和中部地区企业，环境规制发挥了促进作用。具体而言，对于轻污染与大型企业选址，这种促进作用范围更广；对于重污染与中小型企业选址，环境规制的约束作用更强（薄文广等，2019）。

第四节 整体视角下环境规制对经济增长质量的影响

学术界针对环境规制对经济增长质量的影响研究较少，部分学者区分了经济增长的数量与质量。环境规制对经济增长的影响具有双重效应，对于增长数量具有抑制效应，而对于增长质量则具有促进效应。分地区来看，环境规制对经济增长数量的影响并无差异，而对于经济增长质量具有区域异质性。环境规制倒逼东部、西部地区经济增长质量提升，而在中部地区却产生阻碍作用（黄清煌、高明，2016）。王群勇和陆凤芝（2018）认为环境规制对于经济增长质量的影响在中部、西部地区表现显著，而在东部地区作用较弱。同时，这种影响存在门槛效应，当环境规制强度较低时，其对经济增长质量具有促进作用；当跨越门槛值后，影响不再显著。部分学者用经济全要素生产率作为经济增长质量的代理变量进行分析，认为环境规制与经济增长质量具有倒"U"型关系，当前我国正位于拐点左侧，环境规制的加强有助于改善经济增长质量，并且中部、西部地区二者也具有倒"U"型关系，但东部地区不存在此种关系（孙英杰、林春，2018）。张红霞等（2020）用绿色全要素生产率作为经济增长质量的代理变量，认为环境规制与经济增长质量具有正相关关系，但正向作用只在西部地区显著，在东部地区与中部地区并不显著。还有部分学者先用若干方面的指标对经济增长质量进行综合评价，再对二者关系进行讨论。何兴邦（2018）认为，总体上环境规制能够改善经济增长质量，具体来看，环境规制有利于提高经济增长效率，促进经济绿色发展，改善社会福利，但加剧了收入不平等，并对产业结构化升级与经济发展的稳定性无显著影响。若把环境规制进行划分，则命令控制型、市场激励型与公众参与型环境规制均与经济增长质量存在"U"型关系，但市场激励型环境规制的促进作用要强于其他两种模式（李强、王焱，2019）。

一些学者从某一具体视角切入，分析环境规制与经济增长质量的关系。童纪新和王青青（2018）认为环境规制对城市经济发展存在"绿色悖论"，强度过大的环境规制阻碍城市经济高质量发展，但伴随雾霾污染的加重，环境规制对经济发展的阻碍作用逐步减弱。万光彩等（2019）仅针对安徽省数据，分析环境规制、产业结构与经济增长的关系，认为环境规制的增强，刺激了安徽省各地的对外贸易，提高了经济开放度与外商直接投资，从而使产业结构优化升级，有利于提高经济增长质量。若从企业视角来看，文明城市建设通过提高环境规制的强度，减少外部交易成本，促进企业高质量发展。进一步分析发现，人力资本越高、规模越大的城市对于高质量发展的正面影响越大，若划分企业的所有制，则文明城市建设对国有企业高质量发展的促进作用最强（石大千等，2019）。涂正革等（2019）认为减排与提效是企业高质量发展的关键，排污费标准调整并未对减排产生显著效果，但伴随环境执法强度的提高，其会产生显著的减排效应，并且不会再阻碍企业绩效的提高。

第五节 文献述评

环境规制作为社会性规制的重要内容，虽然与经济性规制相比起步较晚，但对于环境规制的概念、类型以及实施效果等都存在大量研究。环境规制与经济增长之间具有千丝万缕的联系，前者对后者的影响也是多种因素、多种机制综合作用的结果。既有"遵循成本说"，又有"创新补偿说"；既有正面积极影响，也有负面阻碍作用。国内学者对此的研究较晚，更加注重理论或模型的引入，并基于我国各地区的数据进行各种形式的再检验。一些学者认为环境规制对经济增长的影响是不确定的，二者会根据不同时间、区域呈非线性关系，同时具有区域或企业异质性。早期的研究多把经济增长直接等同于数量增加，直到20世纪90年代，我国才开始对经济增长质量进行研究。由于经济增长质量涉及范围较广，大部分学者在研究环境规制对经济增长质量影响的问题上，只针对一个具体内容进行深入探讨，例如环境规制对生产效率、技术创新、对外贸易、外商直接投资等的影响。2017年，随着高质量发展的提出，对于经济增长而言，更多学者开始从质量层面进行考察。国内外学者在环境规制对经济增长质量的影响研究上，通常使用全要素生产率作为经济增长质量的替代变量，由于该指标包含信息有限，具有局限性。因此，对于经济增长质量的综合测度，学术界在指标选取与评价方法上存在较大分歧和差异。

首先，通过对已有文献进行回顾，发现在环境规制对经济增长的影响研究上，数量层面较多，质量层面较少。其次，经济增长质量的指标难以确定。仅针对某一方面研究具有片面性，若进行综合评价，则指标选取有待完善优化。最后，已有文献对二者关系的研究较多，但对机制分析较少。现有研究多集中于通过实证检验分析二者是否具有线性或非线性关系，判断理论和假说存在与否、适用与否，而忽视了环境规制对经济增长质量影响机制的系统全面剖析，也鲜有对经济增长质量的进一步细分，以上均有待系统论证与拓展丰富。

第三章

环境规制影响经济增长质量的理论分析

第一节 经济增长质量的界定

经济增长通常是指在一段时间内，一个国家或地区产出水平的持续增加，用 GDP 或人均 GDP 的增长率来衡量。从这一角度出发，经济增长可被特指为经济增长数量。库兹涅茨（Kuznets，1973）曾把经济增长定义为给居民提供种类不断增加的经济产品的能力长期提升，这种能力离不开先进的技术以及所匹配的制度与思想意识。他提出了经济增长的若干基本特征，包括以人口计算的产量的高增长率、全要素生产率高且增长快、经济结构优化、社会结构与意识形态变革、国际经济扩张以及增长不平衡。多马（1983）认为，社会的基本结构决定了经济增长，因此广泛的增长理论应该包括物质环境、政治、动机、教育、法律以及对待科学的态度等。由此可见，一些经济学家对经济增长问题的关注，不仅仅局限于增长的数量，还包含了增长的质量。与经济增长数量不同，经济增长质量没有统一且明确的内涵与度量指标。因为"质量"本身属于规范性的概念，不同学者基于不同角度对"质量"进行价值判断，由此来定义经济增长质量。

对经济增长质量的界定，大体上可以归为两类，即狭义视角与广义视角。在狭义视角下，经济增长质量即投入产出的效率，对于经济活动来说，既定投入下的产出越多或既定目标下的投入越少，则经济增长质量越高。经济增长的过程就是生产要素的不断积累与资源利用率的不断提高，前者使增长的数量增加，后者使增长的质量提高。因此，可通过提高增长的投入产出质量、生产要素组合质量、生产要素效率质量与再配置质量来改善经济增长质量（王积业，2000）。以狭义视角理解经济增长质量的学者大多用全要素生产率来衡量经济增长质量，但郑玉歆（2007）却认为此方法存在局限性，包括低估资本积累重要性、不能全面反映资源配置状况等。在广义视角下，经济增长质量具有更加丰富的内涵。钞小静和惠康（2009）从经济增长的结构、稳定性、福利变化与成果分配、资源利用和生态环境代价四个方面来界定经济增长质量。魏敏和李书昊则认为（2018）新常态下经济增长质量被赋予新的内涵，应从动力机制转变、经济结构优化、开放稳定共享、生态环境和谐与人民生活幸福五个方面理解经济增长质量。一些学者认为，"五大发展理念"可以界定经济增长质量，因此可以从五个方面来衡量（刘瑞、郭涛，2020）。还有一些学者把外延进一步拓展，认为应该以发展的眼光去界定，那么经济增长质量就是经济增长所带来的可行能力提升，包括充足营养、知识水平、居住质量、生活环境、闲暇活动、自由出行六个方面（叶初升、李慧，2014）。以广义视角理解经济增长质量的学者大多选取若干方面指标，然后通过构建评价指标体系来衡量经济增长质量。考虑到狭义视角下经济增长质量的内涵过于片面与局限，而广义视角下可能把经济增长数量以外的各种因素都囊括其中，造成内涵过于宽泛，外延无法确定。因此，本章借鉴钞小静和惠康（2009）的研究思路，把经济增长质量界定为与经济增长具有密切联系的经济方面的内容，与前者研究不同之处在于，本章从经济增长的效率、结构、稳定性、持续性与开放性五个方面来界定经济增长质量。

经济增长质量的效率维度主要反映了要素的生产效率与能源的利用效率，效率越高则经济增长质量越好。要素的生产效率代表了投入产出比，能够反映生产要素转化为产出的有效性；能源的利用效率代表了单位产出能耗，能够反映能源利用的合理性。当经济增长质量处于较低水平时，经济增长来源于要素投入的增加与能源的较大消耗，导致资源供给紧张，生态环境恶化。随着经济增长的来源逐渐转化为要素生产效率与能源利用效率的提高，经济增长质量也不断提高。

经济增长质量的结构维度主要反映了经济系统中各要素之间互相关联、互相结合的多层次关系，经济增长结构的优化与升级有利于提高经济增长质量。经济增长的结构是评判国家和地区经济发展水平的重要尺度，通常包括产业结构、需求结构、收入分配结构、金融结构与城乡二元结构等。在各类结构中，产业结构在国民经济中占据主导地位（李俊霖，2007）。产业结构的合理化与高级化能够使经济优势得以充分发挥，有利于国民经济各部门协调发展。

经济增长质量的稳定性维度主要反映了受到外部冲击或内部影响时，经济增长的波动幅度，通常包括产出波动、价格波动与就业波动等。经济增长过程中若存在经济管理的能力较低、政府权力过大、金融体系不完善等问题，则可能出现经济波动幅度较大情况，导致经济增长质量低下。剧烈的经济波动不利于经济增长的动态平衡，维持经济增长的相对稳定能够使经济增长的不确定性减弱，熨平经济波动，降低资源浪费，避免大起大落所造成的巨大损失。

经济增长质量的持续性维度主要反映了经济能够持续增长的能力，而这种能力通常来源于技术创新与制度创新。基于索洛的新古典经济增长模型，若技术进步不存在，则经济增长最终会陷入停滞。通过内生化处理，罗默的内生经济增长模型认为技术进步才是经济持续增长的内生源泉（赖明勇等，2005）。然而，新古典模型都是在制度不变的条件下来研究经济增长，若把制度这一变量引入模型，则会发现制度变迁的结果是经济增长，因此制度而非技术因素对经济增长起决定性影响（杨瑞龙，1993）。道格拉斯（2014）认为，经济绩效决定于制度，因此经济增长的源泉就是制度。可见，技术与制度的创新会带来经济的长期增长，从而提高经济增长质量。

经济增长质量的开放性维度主要反映了国内经济与国际市场的联系程度,经济全球化下,对外开放有利于提升经济增长质量。对外开放不但体现在国家积极踊跃扩大对外经济交往,而且体现在放宽政策或取消各种壁垒。2020年《政府工作报告》中指出:"面对外部环境变化,要坚定不移扩大对外开放,稳定产业链与供应链,以开放促改革促发展。"[①]促进外贸基本稳定,积极利用外资,以更高水平的开放促进经济增长质量的进一步提高。

第二节 环境规制的动因与目标

一、环境规制的动因

由于环境资源具有公共品属性、环境问题具有负外部性,加之微观经济主体的机会主义,只依靠市场机制不能同时实现环境保护与经济增长。因此,需要依靠政府力量,对环境资源进行有效规制。为解决"搭便车"问题与外部性问题,庇古税理论与科斯的产权理论应运而生。在环境规制的实践中,污染税、补贴、排污费等价格规制政策通常被看作是庇古税理论的运用,污染许可证、排放许可证、可交易许可证等数量规制政策从广义上理解为科斯产权理论的运用。

下面进一步构建环境规制的供需均衡模型,分析环境规制的动因。在利益集团视角下,如果假设政府进行环境规制是为了得到更大的政治支持,则环境规制的目的可以理解为最大程度实现相关利益集团的政治诉求。相关利益集团可以划分为两派,即社会公众派与污染企业派。环境供给增加能够有效减少环境污染,改善环境质量,提高社会公众的环

---

① 李克强:《政府工作报告——2020年5月22日在第十三届全国人民代表大会第三次会议上》,人民出版社2020年版。

境福利，所以社会公众利益集团的诉求是增加环境规制的供给。然而，污染企业利益集团将会因为环境规制的加强而增加污染治理费用，导致生产成本增加，利润降低，竞争力可能减弱。因此，如何兼顾与平衡两个利益集团的诉求是政府制定环境规制的依据。在佩尔兹曼最优规制政策模型的基础上，本书参考张红凤和张细松（2012）所建模型的基本框架，建立环境规制的供需均衡模型。

假定政府环境规制供给的目标函数是尽最大努力实现社会各个利益集团的政治诉求，设定规制立法机构的目标函数如下：

$$W = W(G_1 + G_2) = G_1 + G_2 \quad (3.1)$$

其中，G 表示利益集团对环境规制的满足程度，下标 1 表示社会公众利益集团，下标 2 表示污染企业利益集团。假设利益集团的满足程度与该集团对规制者的重要程度 L、集团人数 N 与集团内部个体成员的效用函数 U 有关，即：

$$G_i = G_i(L_i, N_i, U_i) = L_i N_i U_i \quad (3.2)$$

其中，i = 1，2 分别表示社会公众利益集团和污染企业利益集团。假定政府环境规制供给量 R 与环境质量 q 和治理污染成本 c 紧密相关，同时，治理污染成本将影响企业的利润 π。令社会公众利益集团的效用函数为 $U_1 = U_1(q) = U_1(R)$，由于环境规制所带来的污染减少、环境改善将会提高公众的满足程度，则：

$$dq/dR > 0, \quad dU_1/dR > 0 \quad (3.3)$$

然而，更多的环境规制引致的环境质量边际改善将减少，因此：

$$d^2q/dR^2 < 0, \quad d^2U_1/dR^2 < 0 \quad (3.4)$$

同理，假定污染企业利益集团的效用函数为 $U_2 = U_2(\pi) = U_2(R)$，由于环境规制将使企业的成本上升，降低企业利润，则：

$$d\pi/dR < 0, \quad dU_2/dR < 0 \quad (3.5)$$

如果用环境质量表示社会公众利益集团对环境规制的满足程度，则 $U_1 = q(R) = a + b\ln R$；如果用利润额来表示污染企业利益集团的满足程度，则 $U_2 = P - c(R) = P - \sigma R^2$，假定价格水平 P 不变。因此，$G_1 = L_1 N_1 (a + b\ln R)$，$G_2 = L_2 N_2 (P - \sigma R^2)$。那么，规制者的目标最大化为：

$$\max W = W(G_1, G_2) = L_1 N_1 (a + b\ln R) + L_2 N_2 (P - \sigma R^2) \quad (3.6)$$

对式（3.6）关于 R 求导，并且令一阶条件为零，得到：

$$\frac{\partial W}{\partial R} = \frac{bL_1 N_1}{R} - 2\sigma L_2 N_2 R = 0 \quad (3.7)$$

$$R^* = \sqrt{\frac{bL_1 N_1}{2\sigma L_2 N_2}} \quad (3.8)$$

二阶导数为：

$$\frac{\partial^2 W}{\partial R^2} = -\frac{bL_1 N_1}{R^2} - 2\sigma L_2 N_2 < 0 \quad (3.9)$$

二阶导数小于 0，说明 R 存在最大值。这一结果表明，在规制效率系数 b 与成本系数 σ 保持不变的条件下，政府环境规制的供给与社会公众利益集团和污染企业利益集团对规制者的重要程度相关，也与两个利益集团的规模紧密相连，揭示了政府在进行环境规制时应实现社会公众利益与污染企业利益的均衡。十分宽松的环境规制将导致生态环境恶化引发社会公众不满，而过紧的环境规制又会使企业利润降低，引发受规制企业的不满。因此，最优的环境规制应取决于两个利益集团政治影响力的均衡。当经济不景气时，企业生存压力较大，政府应适当控制环境规制的供给，或者改变环境规制的方式方法，给予企业一定程度的发展空间。但随着环境问题越来越严峻，人们对环境保护愈加关注，互联网的发展也使社会公众意愿对政府决策的影响力逐渐扩大，所以政府应适当提高环境规制的供给。

二、环境规制的目标

依据传统的规制理论，环境规制属于社会性规制范畴，但由于其也使用了经济激励性的规制方式，这决定了环境规制的目标具有二重性，其一是治污减排、保护生态环境，其二是促进资源合理化配置、提高企业的管理效率（于良春、黄进军，2005）。考虑到环境的公共品属性与环境问题的负外部性，环境规制的目标应该是社会福利最大化。若是从公共利益理论与利益集团理论进行分析，则政府规制的目标可能是为公共利益实现社会福利最大化，也可能是实现政企同盟利益最大化，或在此基础上寻求消费者利益最大化（刘水林，2016；余晖，2000；鲁再平、许正中，2003）。通过上述分析可得，政府进行环境规制的目标主要有两个，即社会福利最大化与财税目标最大化。政府寻求社会福利最大化既可以实现政策目标，又能够得到政治支持，然而政府作为经济人，同样会追求自身利益的最大化。因此，政府进行环境规制的目标实际上是在经济增长与环境质量之间的权衡。

（一）社会福利最大化

社会福利不仅仅包括经济增长，还包括赖以生存的生态环境。地方政府官员在政治晋升的驱动力下，可能会牺牲环境换取经济增长，在国家整体社会福利层面来看，就会陷入"趋劣竞争"。实际上，即使地方政府都追求各地的社会福利最大化，由于整体与局部利益的不同，依然无法实现整个国家社会福利的最大化。

借鉴崔亚飞和刘小川（2009）的研究方法，假定一个国家只存在两个政府，且都存在能够污染其他地区的本地污染品。地方政府的社会福利决定于环境规制效用与成本之差，设定福利函数为：

$$w_i = F_i(\alpha_i X_1 + \beta_i X_2) - C_i(X_i) \qquad (3.10)$$

其中，下标均代表地方政府（$i=1, 2$），X 代表治污水平，即环境规制，α 与 β 分别代表两个政府污染品外部性强度，F 代表环境规制对政府 i 社会福利的效用函数，C 代表环境规制成本函数，并假定 $\dot{C} > 0$，$\ddot{C} > 0$。

若地方政府寻求社会福利最大化，每个政府都是完全信息，在得到一个参与人策略选择的条件下，另一个参与人将会选择使自己利益最大化的策略，博弈结果为非合作的纳什均衡。由最优解的一阶条件可得，地方政府会选择本地的边际环境规制成本等于污染外部性，即 $\dot{C}_1 = \alpha_1$，$\dot{C}_2 = \beta_2$。但若政府 1 的环境规制对政府 2 来说存在 $\alpha_2 > 0$，或政府 2 的环境规制对政府 1 来说存在 $\beta_1 > 0$，则各自最优解对于国家社会福利来说是次优的。因为污染会波及其他地区，地方政府更偏向于使污染大于最优解的水平，此时其并不需要承担全部治污成本。因此，局部利益与整体利益便产生冲突。若从整体利益出发采取合作的方式，环境规制受益较多的政府（假定为政府1）应给予政府2适当的转移支付（设为T），使政府2进行环境规制，从而得到国家环境规制最优解，即：

$$\dot{C}_1(X_1) = \alpha_1 + \alpha_2 - T = \dot{C}_2(X_2) = \beta_1 + \beta_2 + T \quad (3.11)$$

得到混合解（X_1，X_2）能够实现整体社会福利最大化。但现实生活中，并不一定会出现混合最优解，一旦某个地方政府偏离福利最大化目标，就会出现"囚徒困境"或"政府失灵"，需要国家规制机构进行干预，避免环境规制的无效率。

（二）财税目标最大化

政府进行规制的手段多种多样，其中，财政收支与税收目标是规制者需要考虑的重要因素。在我国，政治集权与经济分权的结合使地方经济发展与环境保护往往是互斥的，为达到某些经济指标，地方政府往往放松环境规制（黄万华，2011）。从政府进行规制成本角度来看，其不但包括直接额外成本支出，而且包括潜在的地方税源流失所造成的财政收入降低。因此，在研究环境规制问题时，也要考虑到各级政府间环境规制权限的划分。

借鉴张红凤和张细松（2012）的研究方法，设定地方政府为E，其在中央规制机构G的规制之下，考虑中央与地方政府分别进行规制的情况。假定G对E进行直接环境规制的概率为p，其可以理解为中央政府进行环境规制的程度。当G对E进行直接环境规制时，会迫使E进行有利于社会的投资与监管，由此产生社会福利净损失X。因为E对污染企业造成的负外部效应没有完全的权利与责任，当G没有进行监管或监管不到位时，E将默许高污染且高利润企业生产，从而得到超额税收R。因为信息不对称，G确定不了R的大小。假定S是E的财税导向行为所造成的环境规制不足而引发的社会福利损失，并设定S与p为负相关关系，即：

$$\dot{S}_p < 0 \quad (3.12)$$

与 p 相关的社会福利函数为：

$$W = R - pX - (1-p)S(p) \quad (3.13)$$

其中，pX 可以理解为中央政府把非经济目标强加到企业上所造成的规制成本，$(1-p)S(p)$ 可以理解为由于地方规制者滥用权力所造成的地方政府规制的代理成本。通过 p 的变化，可以分析环境规制成本与收益的关系，如图 3-1 所示。p 越高，中央政府规制成本越大，但若 X 减少，即规制更有效率时，这种联系就会减弱。此外，p 越高，地方代理成本越小。存在中央政府环境规制的最优解 p*，能够更好平衡环境规制的成本。

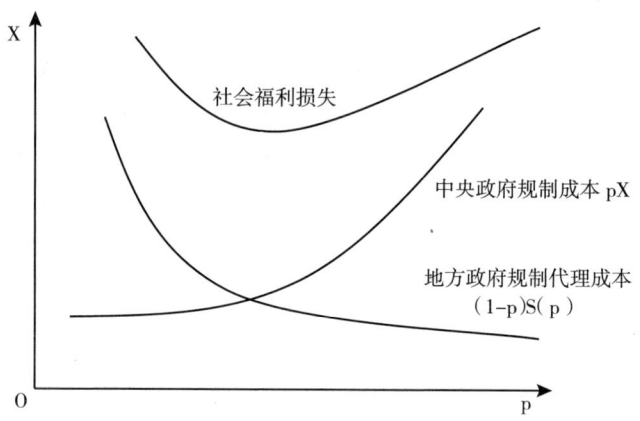

图 3-1　中央政府规制成本与地方政府规制代理成本

基于上述模型，若不断加强中央政府环境规制，则其所造成的收益损失比地方政府加强规制所造成的收益损失要大得多。因此，要找到中央与地方政府之间最优的分权程度，可以使地方污染性生产的外部效应内部化。除 GDP 增速等经济性指标外，应把环境质量设置为与财税目标等同的价值目标，使地方政府在做出决策时更好地权衡保护环境与扩大税收之间的关系。

第三节 环境规制对经济增长质量的影响机制

由于本书从经济增长的效率、结构、稳定性、持续性与开放性五个方面来界定经济增长质量，因此环境规制对经济增长质量的影响机制就从上述五个方面进行分析（见图3-2）。

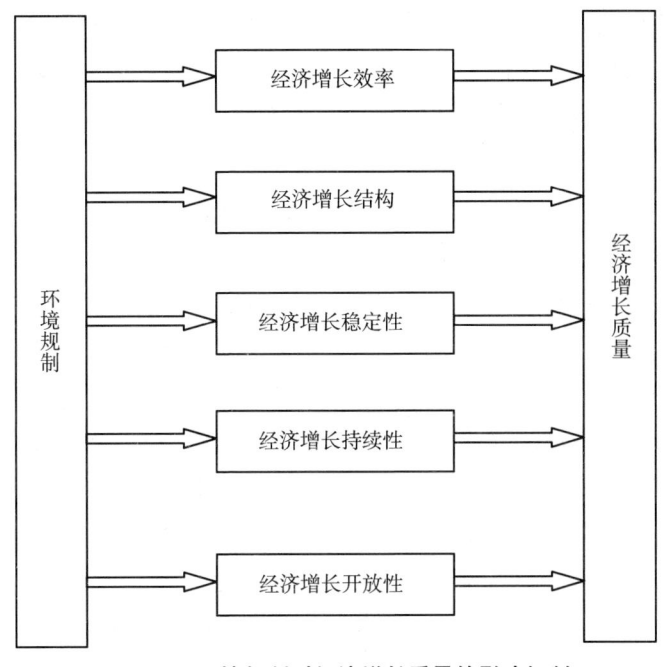

图3-2 环境规制对经济增长质量的影响机制

一、环境规制对经济增长质量效率维度的影响机制

从效率维度来看，环境规制对经济增长质量的影响机制可以划分为：环境规制影响要素的生产效率，进而作用于经济增长质量；环境规制影响能源的利用效率，进而作用于经济增长质量。

短期内，环境规制可能会增加企业的生产成本，包括购买新的生产设备、治污设备等，控制污染的直接支出导致生产成本增加。为达到环境标准，企业也会购买成本更高的生产要素、改变生产方式、培训员工掌握新技术等，使企业生产的间接成本提高。同时，污染的测量和监控、与政府和供应商谈判等交易成本也会增加（李胜兰等，2014）。各类成本的增加对于简单再生产与扩大再生产造成消极影响，无益于生产效率的提高。由于污染治理投资的增加不会产生直接的生产价值，因此将会挤占企业生产性投资，企业的产出能力可能下降，生产效率受到损失。一些企业为解决环境规制所造成的利润降低这一问题，甚至暗中削减工序与用料或者掺假，通过降低产品质量压缩生产成本，进一步促进了低品质产品或次品生产链的形成，偏离企业定位，扭曲了资源配置，最终造成市场资源配置低效（秦琳贵、沈体雁，2020）。长期来看，若"创新补偿"发挥作用，企业对生产技术的改进、对生产方式的革新将促进研发与创新，不但会降低企业污染，而且会促进要素生产率的提高。于文超和何勤英（2014）也认为，当期内环境规制的加强对生产效率的提高产生消极影响，但若滞后一期，环境规制的加强则有利于提高企业的生产效率。然而，"创新补偿"的基础是拥有充足的资金储备，同时这种效应的发挥具有不确定性与滞后性特征。若研发受阻或后续资金不足，最终可能导致企业生产效率进一步下降，甚至具有破产风险。考虑到这种风险，在一些中小企业中，由于资金缺乏、技术水平较低，这种"创新补偿"往往难以有效发挥。

过多能源的使用可能导致污染物增加，在环境规制的作用下，所产生的环境税费、罚款等也相应增加。当能源使用的机会成本大于0，其相对价格将会提高，会有利于能源使用的节约（杨志江、朱桂龙，2017）。从单一企业来看，环境规制会引发生产设备的更新或者工艺流程的优化，使单位产出能耗降低，即能源利用率提高。从整体来看，进行环境规制后，市场中的一些企业可能无法达到环境规制的标准而被逐步淘汰，而新进企业通常需要具有较为先进的生产设备与治污设备，这就产生了进入壁垒。高能耗、高污染的企业被市场淘汰，倒逼企业谋求更高的能源技术,产生了节能、减排的双重功效。因此,环境规制使市场中的企业整体上具有更强的污染治理能力与更高的能源利用率。

由此可见,环境规制导致企业成本增加,既能够对要素的生产效率产生负面影响,又能通过创新补偿效应提高要素生产效率,也能够促进能源利用率提升。因此,环境规制对经济增长质量效率维度的影响有利有弊(见图3-3)。

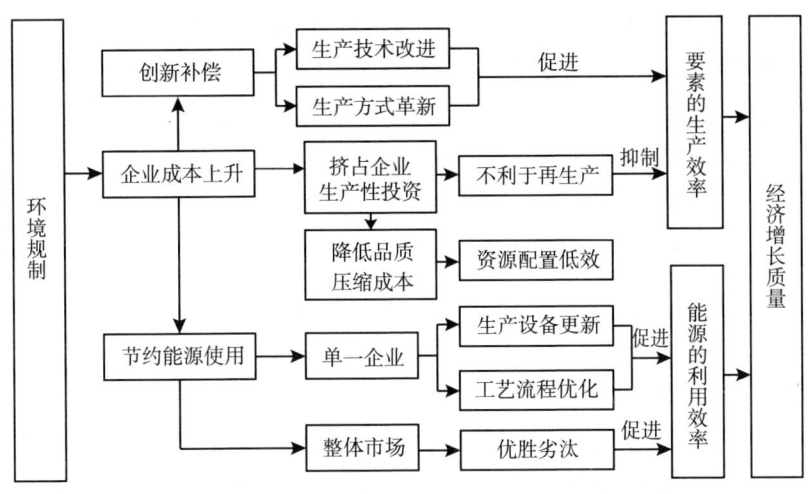

图3-3 环境规制对经济增长质量效率维度的影响机制

二、环境规制对经济增长质量结构维度的影响机制

从结构维度来看,环境规制可通过产业结构、需求结构、收入分配结构、金融结构与城乡二元结构来影响经济增长质量。

环境规制实施后,一些未达到环境标准的高污染、高能耗、高排放的"三高"企业将逐渐被市场淘汰,潜在进入企业由于需要满足更高的环境要求,可能需要购买新设备或掌握新技术,治污成本大幅增加,从而形成进入壁垒,阻碍了一些污染密集型企业的进入。因此,市场中"三高"企业不断减少,污染密集型产业比重降低,产业结构逐渐优化升级。由于各个行业的边际治污成本函数各异，正式的环境规制会对污染企业造成刚性约束，若企业的边际治污成本较低，则会得到绿色发展的比较优势，若企业的边际治污成本较高，则其成本上涨承受能力较差，将会导致所在行业规模不断缩小。较为严格的正式环境规制能够把污染密集型的落后产能与过剩产能逐步淘汰，因此其能够成为产业结构调整的新驱动力（原毅军、谢荣辉，2014）。具体来看，环境规制会增加第三产业相对于第二产业的比重，从而促进产业结构转型升级（李强，2013）。面对治污成本的上涨，企业可能会考虑共同使用治污减排设备，形成集聚享受规模化处理，并且进行企业间治污减排技术与人才的共享交流（范洪敏，2018）。此外，环境规制的实施能够通过创新补偿效应使生产方式逐步转变，实现清洁生产。由于资金、技术等问题，一些企业可能无法发挥创新补偿效应，在面对更高的环境标准与更严格的环境政策时，可能会退出原本产业，重新进行产业选择，实现污染密集型产业向清洁产业的转换，提升产业层次（徐常萍、吴敏洁，2016）。环境规制也可以通过构建生态产业或绿色产业，发展循环经济实现产业结构的优化。利用环境保护高新技术改造提升传统产业，淘汰污染大、能耗高的落后工艺、技术与设备，依托生态化理念改造各个产业，构建生态化产业结构系统，甚至转变整个国民经济的增长方式。

然而，环境规制也可能对产业结构的转型带来消极影响。环境规制所形成的进入壁垒一方面有利于优胜劣汰，另一方面却阻碍了企业的进入，只保护了现有企业。新进入市场的企业往往需要积累一定的资本进行投资与再生产，环境规制的实施使企业在进入市场前的环境设备投资大幅提高，成本增加形成了进入的资本壁垒。资本壁垒阻碍了拥有较少资本企业的进入，市场竞争减少使现有企业的垄断性增强。此外，潜在进入企业还需要掌握更高的技术水平以面对更高的环境标准，从而形成了进入的技术壁垒。现有企业通常情况下是技术标准的制定者，可能会对所利用的生产技术进行垄断，造成产业进一步发展受限，不利于产业结构转型升级。

环境规制的实施也会对需求结构产生影响。对于个人或家庭部门而言，消费与环境质量为互补关系，当实施环境规制时，家庭预期未来环境质量将会提高，人们愿意减少部分当期消费，从而提高储蓄水平（Mohtadi，1996）。环境规制的加强会使家庭环保意识增强，对于环境质量的不满也会减少家庭当期消费，提高储蓄水平（Michel & Rotillon，1995）。储蓄的增加会提高资本市场的供给，降低资金使用成本，提高投资回报率，从而加强社会投资意愿。长期来看，储蓄与投资意愿增强会提高物质资本积累，消费倾向的改变也会促使企业生产与投资的变化，消费结构的调整将会引发产业结构与投资结构的调整升级。个人或家庭的消费结构是企业产品生产的依据，因此消费结构的改变是企业生产结构变化的根源。投资需求是企业发展不可或缺的重要因素，投资结构的改变体现了企业资本在不同产业间的重新分配，分配的变化将会带动产业结构调整。以个人或家庭部门为代表的消费需求和以企业部门为代表的投资需求交互影响，引发产品与消费需求结构转变。

此外，环境规制的实施也会对收入分配结构、金融结构与城乡二元结构产生影响。逐步增加强度的组合型环境规制政策能够改善收入分配格局（范庆泉，2018），而命令控制型环境规制会加剧城镇居民收入不平等现象（何兴邦，2019），但其却能够加强社会、环境层面可持续供应链金融与融资绩效的正相关关系（李晓青等，2020）。环境规制对生态环境的改善毋庸置疑，但却未必能对城乡一体化产生正面影响。实际上，对于我国大部分地区，环境规制对城乡一体化的促进作用并不显著，特别是在城乡一体化起点低、经济发展落后地区，环境规制的经济社会效益较差，治污减排成本较高且"创新补偿"作用难以发挥，不但无益于农村地区产业绩效提升，而且不利于资源在城乡间自由配置与流转，加剧了城乡对立格局，因而不利于城乡一体化发展（郝锐、霍丽，2017）。

由此可见，环境规制的进入壁垒，对产业结构既有正面影响也有负面作用，但其带来的清洁生产、生态产业与循环经济则有利于产业结构优化升级。环境规制通过改变消费与投资需求也会对需求结构产生正面影响。此外，环境规制也会影响收入分配结构、金融结构与城乡二元结构。因此，环境规制对经济增长质量结构维度的影响是错综复杂的（见图3-4）。

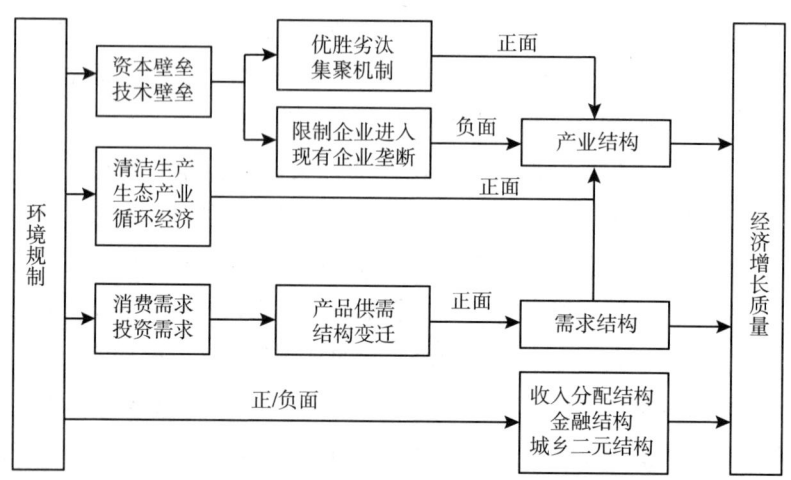

图3-4　环境规制对经济增长质量结构维度的影响机制

三、环境规制对经济增长质量稳定性维度的影响机制

从稳定性维度来看，环境规制对经济增长质量的影响机制可以从价格、产出与就业三个方面进行分析。

环境规制会使企业的成本上涨，通常情况下，企业会通过提高产品价格来转嫁这一成本。相关产品价格之间具有连锁反应，依据投入产出理论，一种或多种产品价格的相对改变最终会造成整个社会物价水平与原材料价格的改变。因此，产业之间的关联度越强，这种影响就越大，从而对该地区的物价水平产生负面影响。由于主要污染源多数集中于能源与基础材料的生产加工上，环境规制的实施例如征收环境税，势必造成能源与基础材料价格提高，并可能造成整个社会成本推动型通货膨胀，使稳定物价的任务更加繁重。也许在理论上，合理的环境税所造成的价格波动可控，但实践中由于不确定影响因素过多，加之成本推动的乘数效应，因而实现可控难上加难（孙钢，2008）。然而，在相同的消费水平下，环境规制提高了公众的效用，公众就会缺乏依靠更多产品增加效用的动力，从而对物价水平起到抑制作用（梁洁等，2014）。

产品成本与价格的提高，将会使需求减少，产出水平变化，包括产业自身产出波动与通过产业关联效应等对其他产业造成的影响。对污染密集型产业来说，环境规制的实施可能降低其产出。原因在于，这些产业能源需求量多，总投入中能源投入占比较大，环境规制的实施将大幅度提高生产成本，使产品供给量减少。同时，因为产品价格的提高，需求量将显著下降，供给与需求的波动导致产品的产出降低。而受环境规制影响较小的产业，产出波动较小甚至可能不变。以征收碳税为例，成本的提高将会导致煤炭开采与洗选业、石油与炼焦业、化学工业、交通运输与邮政业、金属冶炼与制品业等 13 个行业产出不同程度地下降，其中，农林牧渔业、木材加工与造纸印刷业等行业产出下降幅度较小；而对于清洁电力、纺织及其制品业等行业而言，征收碳税使其产出增加（张兴平等，2015）。

环境规制的实施无疑增加了企业的成本，可能会降低企业的市场竞争力，也不利于企业规模扩大，从而对就业产生负面影响。而一些企业由于未达到环境标准被市场淘汰，直接造成了失业增加。然而，此种情况并不一定会发生。一些较大规模的污染企业由于是当地的"纳税大户"，地方的发展离不开他们所贡献的 GDP、税收与就业，在地方政府的保护下，这些企业的产能不会下降反而增长，就业不降反升的情况就可能出现。同时，治理污染、控制排放的工作需要新的劳动力，环境规制也可能拉动就业。除直接作用外，环境规制也可能对就业产生间接作用。若创新补偿效应得到有效发挥，随着技术的不断成熟与完善，企业清洁生产的品牌形象逐渐深入人心，由于消费者的环保意识显著增强，该企业的市场份额将逐渐增长，从而对扩大就业起到积极作用（闫文娟、郭树龙，2016）。实际上，环境规制是通过规模效应与替代效应的共同作用来影响就业的，因此不同行业、不同时期，环境规制的就业效应各异（秦楠等，2018）。对于高污染且高资本密集型行业，环境规制对就业产生积极影响，而对于高污染、低资本密集型行业，环境规制对就业产生不利影响（施美程、王勇，2016）。

由此可见，环境规制对公众效用的提高能够抑制物价水平的上涨，但成本的提高也可能产生通货膨胀。同时，成本的上涨会对不同行业的产出带来影响，一定程度上也不利于就业，但在地方政府的保护下，消极作用会被抵消。但若创新补偿效应得以发挥，则环境规制的就业效应为正。因此，环境规制对经济增长质量稳定性维度的影响是不确定的（见图3-5）。

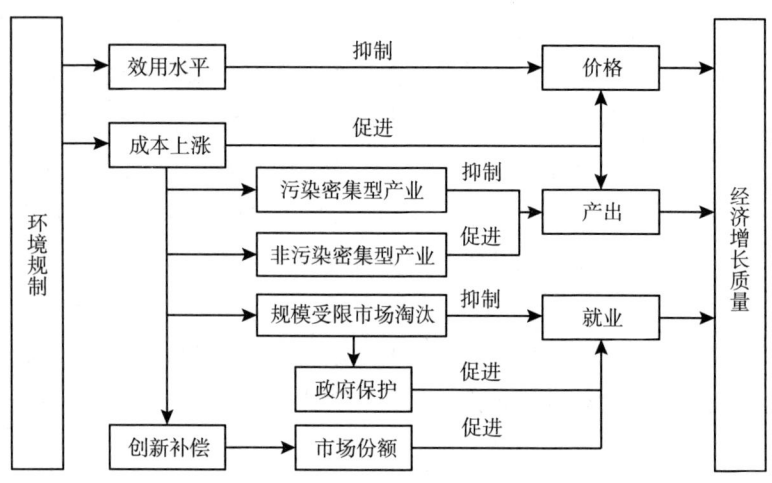

图3-5 环境规制对经济增长质量稳定性维度的影响机制

四、环境规制对经济增长质量持续性维度的影响机制

从持续性维度来看，环境规制可通过技术创新与制度创新来影响经济增长质量。

企业以利润最大化为目标，当环境规制使企业成本大幅上升时，技术创新的动力被激发，企业希望通过改进技术抵消遵循环境规制的成本，甚至增加利润。同时，这对企业建立并维持竞争优势，实现长久发展起到积极作用。这种"创新补偿"可以大致分为"产品补偿"与"过程补偿"。当环境规制不仅减少污染，而且能够为用户创造性能更好或质量更高的产品、更安全的产品、更低成本的产品（也许通过材料的替代与包装的减少)、具有更高转售与报废价值(由于易于回收或拆卸)或更低处理成本的产品时,就会产生"产品补偿";当环境规制不仅降低污染,还能够提高资源生产率时,例如更高产量、更少的停机时间(通过更仔细的监管与维护)、更少的材料(通过生产投入的替代、再利用或再循环)、更好利用副产品、生产过程中更低的能源消耗、减少材料储存和处理成本、将废物转化为有价值的形式、降低废物处理成本以及具有更安全的工作环境时,就会产生"过程补偿"。这些"补偿"通常相互关联,因此实现一个"补偿"可以使其他"补偿"也实现(Porter & Linde, 1995)。从需求角度来看,由于公众环保意识增强,绿色生产理念被渗透到各个行业,公众更倾向于购买绿色环保产品,从而形成了新的市场需求。因此,环境规制引发的成本上涨与消费需求改变能够从技术推动与需求拉动两个方面推动企业技术不断创新。

若企业率先采用更先进的设备与技术进行生产,则将会比其他利用传统工艺进行生产的企业更具有竞争优势。当公众的偏好转为绿色环保产品时,这些产品的市场接受度将大幅增加,企业率先进行生产就能够形成产品的差异化,使企业具有先动优势,从而占据拥有更大潜力的市场,提高企业的利润。当企业通过技术创新具有先动优势时,就能够在各自领域设立行业标准并积累相关经验,更容易得到政府政策支持,这又会进一步激励企业进行技术创新,提升核心竞争力。因此,在环境规制的作用下,企业在技术创新上无论针对产品还是过程,都能够得到先动优势,从而有利于企业的持续发展。

长期来看,环境规制对技术创新具有积极影响。但短期内环境规制所引发的直接和间接成本上升会降低企业的生产性投资,降低企业利润,而利润的下降进一步导致研发投入降低,不利于技术创新。此外,成本的增加也会挤占原本的研发投入,对技术创新产生消极影响。技术创新是用知识生产新知识的复杂过程,需要大量资源的投入。当研发投入降低时,人力物力的缺乏将造成技术创新能力下降(余东华、胡亚男,2016)。同时,面对环境规制的实施,若企业原本规模较小,资金技术相对缺乏,则企业的技术创新风险大大增加,技术创新绩效将遭受不利影响。

此外，环境规制也会通过制度创新影响经济增长质量。我国发展的道路由计划经济逐步转向市场经济，由于各方面因素影响，这两种经济在不同地区呈现出了不同程度的组合，因而各地区的制度环境存在差异，制度环境的发达程度可以体现为市场化程度。制度环境的差异会作用于环境规制的实施效果，进而影响经济增长质量。当一个地区的法治水平越高，政府干预越少或市场化水平越高，则环境规制的相关政策执行效果越好，从而使得企业的环境绩效越好（潘红波、饶晓琼，2019）。此时，环境规制对企业技术创新绩效的推动作用就会更大。通常情况下，市场化程度较高地区企业的环保意识与责任意识更强，企业在面对更严格的环境标准时，所选择的策略更加合理化、规范化与程序化，并且更加相信通过创新来应对环境规制有利于企业的长远发展（马富萍、荼娜，2012）。

由此可见，环境规制导致成本上涨，短期内可能抑制技术创新，但通过创新补偿效应的发挥，则有利于技术创新。同时，环境规制所引发公众消费偏好的改变，将从需求方面拉动企业技术创新。此外，环境规制也会通过制度创新影响经济增长质量。因此，环境规制对经济增长质量持续性维度的影响正负效应并存（见图3-6）。

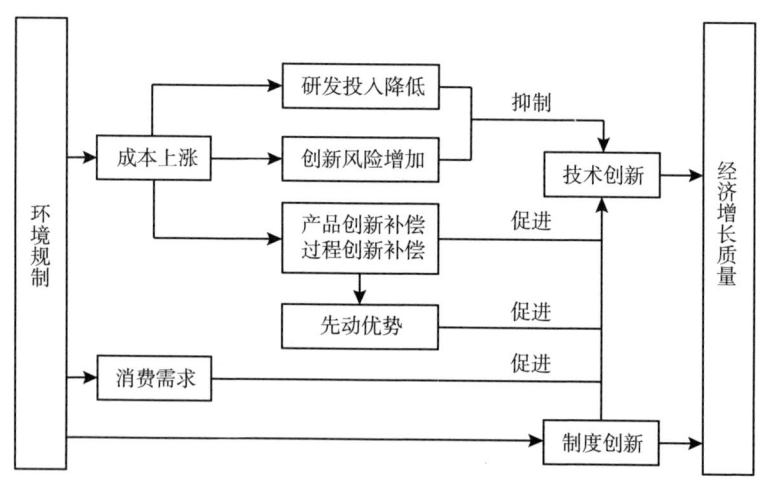

图3-6 环境规制对经济增长质量持续性维度的影响机制

五、环境规制对经济增长质量开放性维度的影响机制

从开放性维度来看，环境规制可通过进出口贸易与外商直接投资来影响经济增长质量。

随着经济全球化发展，国家间的贸易来往愈加频繁，国际产业分工不断明确，资源、技术在全球范围内自由流动与重新分配，而环境规制是其重要的推动力之一。通常情况下，如果一个国家相对于其他国家而言，对污染密集型产业实施更为严格的环境规制，就会使相关产业生产成本增加，可能使该产业在国际市场竞争中缺乏比较优势，降低相关产品的出口。较为发达国家更早意识到了环境保护的重要性，所以实施更为严格的环境规制，降低污染密集型产业比重，转而促进清洁环保型产业发展。较为发达国家把污染密集型产业转移到发展中国家或相对落后地区，用进口的方式消费这些在产品，以保护自身环境，这就是环境规制基于比较优势效应所引发的国际贸易。同时，这也使发展中国家和相对落后地区成为"污染天堂"。研究显示，我国的环境规制强度越大，出口贸易水平就会越低。实际上，我国的出口贸易具有国别差异。发达国家的环境规制与我国的出口贸易呈现负相关关系，而发展中国家的环境规制对我国的出口贸易并没有显著影响。这可能是因为发达国家与发展中国家发展阶段不同，所考虑的发展重点各异。发达国家在选择贸易伙伴时，会制定相应环境保护方面的要求，若达不到相关要求或标准，就会对其进行贸易限制，以此控制进口规模（任力、黄崇杰，2015）。因此，环境规制成为国际贸易谈判中的一项重要内容。自由贸易协定中环境保护的条款不利于我国出口规模扩大，却促进了进口规模扩大。同时环境保护条款对不同产品的影响差异显著，其对清洁产品进口产生积极影响，却对污染密集型产品的出口产生消极影响（王俊等，2020）。

短期内为适应环境规制，确实会增加企业成本，使一些企业因为环境规制在国际贸易中遭受负面影响。但长期来看，国际市场的压力也带来一种机遇。企业可通过提高环境管理能力、改进工艺流程，在减少污染的同时，提高效率、降低成本，最终使企业竞争力提高。当出口企业可以达到较严格的环境标准时，就具有了领先于其他竞争者的优势，更容易进入其他市场。例如取得绿色标志或认证后，实现环境与产品质量的双赢，树立良好的品牌形象，从而使出口市场进一步扩大。

环境规制作用下，发达国家通过外商直接投资等形式把高污染产业转移至发展中国家，使其成为"污染天堂"。但东道国也可能依托发达国家的先进技术，引进更高水平的环境标准，从而改善本国环境质量，即"污染光环"假说。宽松的环境规制会吸引外商直接投资，导致污染密集型产业中的外资比重提高（史青，2012）。对于我国而言，外商直接投资并非造成生态环境恶化的主要因素，吸引外商直接投资的优势也并非宽松的环境规制。发达国家企业的技术外溢以及由此所产生的示范效应、竞争效应等对我国的环境保护产生了积极作用（李金凯等，2017）。由于外商直接投资进入东道国的动机不同，可以划分为以市场为导向的水平型外商直接投资与以效率为导向的垂直型外商直接投资。东道国的环境规制对不同类型外商直接投资的影响具有显著差异：对垂直型外商直接投资具有消极影响，而对水平型外商直接投资的影响不大（魏玮等，2017）。

由此可见，环境规制能够通过比较优势来提高或降低出口贸易，也能够通过筛选贸易伙伴，对其进行出口限制，还能够利用贸易协定影响进出口贸易。同时，环境规制也会通过外商直接投资作用于经济增长质量。因此，环境规制对经济增长质量开放性维度的影响积极效应与消极效应并存（见图3-7）。

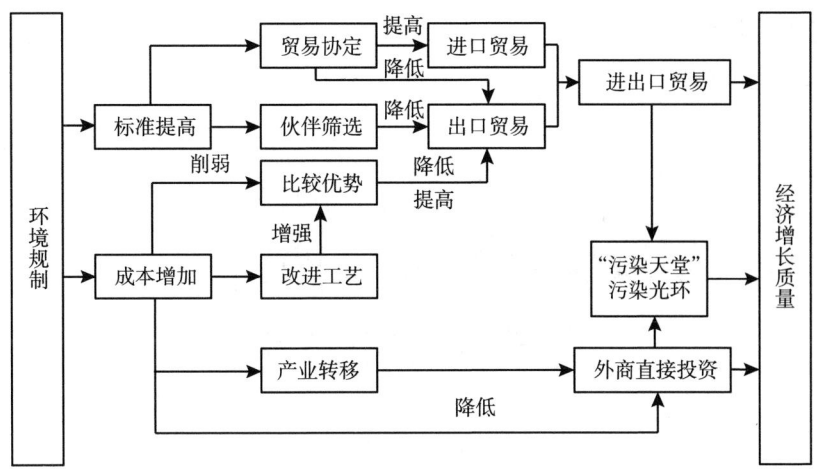

图 3-7 环境规制对经济增长质量开放性维度的影响机制

第四章

中国环境规制的历史演进与现状分析

第一节 中国环境规制的历史演进

一、改革开放初期环境规制逐步加强（1978~1991年）

新中国成立后，由于我国实施优先发展重工业的赶超战略与计划经济体制，形成了高投入、高能耗、高污染、高成本、高速度、低效益、低效率、低质量的粗放型经济增长方式。经济建设急于求成，"左"倾思想不断发展，"多"与"快"成为经济发展主旋律。为达到过高既定目标，经济增长重"量"轻"质"，传统经济发展模式的弊端逐渐显现。此时，虽然有关环境保护的机构、条例等已经出现，但尚不能满足环境规制的需求，因此改革开放前的环境规制相对匮乏。

1978年12月18日十一届三中全会召开，实现全党工作重心的转移，即果断停止"以阶级斗争为纲"，把全党的工作重心转移到社会主义现代化建设上来，恢复并发展了党实事求是的思想路线。此次会议对于经济建设中盲目追求速度、不遵循实事求是理念等错误进行反思，对陷于失调的国民经济比例关系进行调整,对过分集中的经济管理体制开始改革,我国进入了改革开放和社会主义现代化建设的历史新时期。从1978年到1991年,我国处于计划经济体制向市场经济体制转变的过渡阶段。在此阶段,我国经济体制中的"计划"逐渐弱化,"市场"不断增强。在物质相对紧缺的年代,政府的主要任务是快速发展经济让人民脱离贫困,人们对于环境问题的关注较少(袁晓玲等,2018)。计划经济的逐步退场使各类非公有制经济开始壮大,随着经济不断向前推进,随之产生的环境问题日益突出。由于多数企业环境保护意识较低,造成了生态环境破坏,因此亟须政府进行环境规制。

为填补相关领域空白,这一阶段国家出台了一系列环境保护法律法规。1978年3月5日在第五届全国人民代表大会第一次会议上通过的《中华人民共和国宪法》对环境保护作出明确规定,即"国家保护环境和自然资源,防治污染和其他公害",为改革开放后的环保工作奠定了法制基础。1979年9月,《中华人民共和国环境保护法(试行)》颁布,该法是我国环境保护的基本法,标志着我国环境保护的法律法规体系开始建立。随后,《中华人民共和国海洋环境保护法》《中华人民共和国水污染防治法》《中华人民共和国森林法》《中华人民共和国草原法》《中华人民共和国矿产资源法》《中华人民共和国大气污染防治法》等环境保护单行法规相继出台。1989年12月,《中华人民共和国环境保护法》正式出台,明确规定"国家制定的环境保护法规必须纳入国民经济和社会发展计划",这标志着我国环境规制立法体系初步形成。

从环境规制的机构建设来看,改革开放以前,我国成立国务院环境保护领导小组负责环境保护工作。1982年5月,机构改革将其撤销,成立了城乡建设环境保护部,内设环境保护局作为全国环境保护的主管机构。1984年5月,根据《国务院关于环境保护工作的决定》成立国务院环境保护委员会,负责环境保护方针政策的研究、审定,提出规划要求并领导全国的环境保护工作。同年12月,城乡建设环境保护部环境保护局改为国家环境保护局,仍归城乡建设环境保护部领导。1988年7月,环境保护工作从城乡建设部分离出来,成立独立的国家环境保护局（副部级）。1989年《中华人民共和国环境保护法》明确了我国环境保护监督管理体制，即统一监督管理与分级、分部门管理相结合的环境行政管理体制。这一阶段，环境问题以政府直接行政规制为主，具有计划经济色彩。

二、市场经济体制确立后环境规制快速发展（1992~2001年）

1992年10月12日党的十四大召开，第一次明确提出了建立社会主义市场经济体制的目标，我国开始进入社会主义市场经济时代。党的十四大对经济发展的速度进行了大幅调整，将原定国内生产总值年均6%的增速提升到8%~9%。此外，在十个方面主要任务中提出应加强环境保护，增强全民族的环境意识。1992年6月3日召开的联合国环境与发展大会否认了"高生产、高消费、高污染"的传统发展模式，提出了人类"可持续发展"的新战略与新观点。随后，我国提出《中国环境与发展的十大对策》，主张开始实施可持续发展战略。我国的环境保护政策开始与国家发展战略，特别是经济发展战略联系起来，注重在经济发展的同时增强环境保护。1994年3月，《中国21世纪议程》经国务院常务会议审议通过，从我国的人口、环境与发展的总体情况出发，提出了促进经济、社会、资源与环境相互协调的可持续发展的战略目标，成为推动可持续发展战略的总规划。1996年3月17日，第八届全国人民代表大会第四次会议批准了《中华人民共和国国民经济和社会发展"九五"计划和2010年远景目标纲要》，把可持续发展作为一条重要的指导方针与战略目标，并将其上升为国家意志。在国民经济和社会发展的指导方针中，另一重大发展战略为科教兴国战略，强调经济建设必须依靠科学技术。实质上，实现国民经济持续、快速与健康发展，关键在于两个具有全局意义的根本性转变，一是经济体制应从传统的计划经济转为社会主义市场经济，二是经济增长方式应从粗放型转为集约型。1997年9月，党的十五大将可持续发展战略确定为我国"现代化建设中必须实施"的战略。可见，从1992年到2001年，我国经济体制中的"市场"进一步增强，经济发展方式逐步转变，环境保护意识开始增强。

在此期间，环境规制的立法体系开始进入调整阶段，对不合时宜的相关条文进行修改，同时制定新的法律法规。1995年10月出台了《中华人民共和国固体废物污染环境防治法》，1996年8月出台了《中华人民共和国煤炭法》，同年10月出台了《中华人民共和国环境噪声污染防治法》，1997年11月出台了《中华人民共和国节约能源法》，2001年8月出台了《中华人民共和国防沙治沙法》。同时，从1995年开始相继对《中华人民共和国大气污染防治法》《中华人民共和国水污染防治法》《中华人民共和国矿产资源法》《中华人民共和国森林法》《中华人民共和国海洋环境保护法》等进行第一次修订或修正。社会主义市场经济体制确立前，相关政策法规主要以命令控制型为主，即通过制定技术细则、排污标准等，限制或规范企业的生产与排污行为。市场经济体制确立后，市场激励型环境规制开始兴起。通过市场信号而非政府强制性命令引导企业做出决策，在企业追求利益最大化的目标中同时实现节能减排，例如制定适宜的环境税率、以交易许可证的方式分配资源等（赵霄伟，2014）。我国相继出台了一系列市场激励型环境规制的相关政策，包括《中华人民共和国资源税暂行条例》（1993年）、《矿产资源补偿费征收管理规定》（1994年）等环境税费形式，《财政部 国家税务总局关于企业所得税若干优惠政策的通知》（1994年）、《国家环境保护局关于对排污费和污染源治理贷款基金免征营业税问题的通知》（1998年）等补贴形式、《财政部 国家税务总局关于废旧物资回收经营企业增值税先征后返问题的通知》（1999年）等押金返还形式以及在南通和本溪试点二氧化硫排污权交易（1999年）等可交易许可证形式。

从环境规制的机构建设来看，1998年6月，国家环境保护局升格为国家环境保护总局（正部级），撤销国务院环境保护委员会。作为国务院主管环境保护工作的直属机构，其主要负责拟定国家环境保护的方针、政策和法规，制定行政规章，对可能造成生态环境破坏的自然资源开发利用活动进行监督，开展生态破坏恢复工作等，下属机构为地方各级环保局。此外，新组建国土资源部负责自然资源的规划保护工作。

三、21世纪以来环境规制不断完善（2002~2011年）

2001年末，我国正式成为世界贸易组织成员，这不仅有利于我国更好地融入国际社会、扩大进出口贸易，还有利于推进我国经济体制改革。在此背景下，2002年11月，党的十六大提出了全面建设小康社会的奋斗目标，并强调应"健全现代市场体系，加强和完善宏观调控""完善政府的经济调节、市场监管、社会管理和公共服务的职能"，使市场在资源配置中的基础性作用在更大程度上发挥。非公有制经济获得极大发展，经济社会形态发生深刻变革。21世纪以来，工业化、城镇化快速推进，改革开放不断深入，国内生产总值历年增长率接近或超过10%。然而，这一阶段经济的快速增长离不开重化工业，能源资源大量消耗对环境造成严重破坏（张小筠、刘戒骄，2018）。因此，伴随着经济高速增长，生态环境日益恶化，环境问题越来越引起全社会的关注与重视，经济增长与环境保护之间的矛盾逐步升级。对此，2003年10月，党的十六届三中全会《中共中央关于完善社会主义市场经济体制若干问题的决定》第一次正式提出"坚持以人为本，树立全面、协调、可持续的发展观"。2007年10月，党的十七大把科学发展观写入党章，并把"转变经济增长方式"变为"转变经济发展方式"，把国内生产总值目标由"总量"变为"人均"，同时强调"加强政府监管和社会监督"，表明经济社会发展方式进一步转变。此外，党的十七大报告在全面建设小康社会奋斗目标的新要求中，第一次明确提出了建设生态文明的目标，环境问题被提升到了新的高度。在此期间，我国的环境规制进入不断完善阶段。

从环境规制的立法体系来看，2002年6月，《中华人民共和国清洁生产促进法》出台，该法是我国首部循环经济立法，开启我国治污模式从末端治理向全过程控制的转变。同年10月，《中华人民共和国环境影响评价法》出台,把仅仅对建设项目进行评价的环境影响评价制度扩展到各类开发建设规划中。为进一步实施可持续发展战略、贯彻落实科学发展观,《中华人民共和国放射性污染防治法》《中华人民共和国可再生能源法》《中华人民共和国循环经济促进法》等纷纷出台,原有法律法规不断修订与修正,我国环境规制立法体系不断完善。大力发展循环经济,继而推进经济增长方式转变已经有法可依。在此期间,市场激励型环境规制快速发展。2003年1月发布的《排污费征收使用管理条例》将排污收费由原来的超标收费改为排污即收费与超标收费并行,同时依据污染要素的不同,将排污费由原来的单因子收费改为多因子收费。这一举措改变了原有收费的单一模式,增强了排污者减排的积极性。2005年10月,《关于组织开展循环经济试点(第一批)工作的通知》发布,正式启动国家循环经济试点工作。2006年后,《环境影响评价公众参与暂行办法》(2006年)、《环境信息公开办法(试行)》(2007年)等纷纷出台,公众参与、信息披露等方式的环境规制开始显现。这一阶段我国环境规制的理念、手段与立法方式均有重大转变,开始探索循环经济的良性发展。

从环境规制的机构建设来看,2002年6月,国家环境保护总局华东环境保护督查中心和华南环境保护督查中心挂牌,随后西北、西南、东北、华北督查中心先后成立,2008年覆盖全国的六大区域督查中心全面组建。其主要职能为加强环境保护监督执法,解决突发环境事件与跨省界污染纠纷,但只拥有执法权不具有处罚权。2008年7月,原国家环境保护总局升级为环境保护部,环境规制的权威性增加。

四、新常态下环境规制全面提升(2012年至今)

2012年至今,国内生产总值增速由7.9%逐年下降,经济增长速度放缓,处于增速换挡期。经济从高速增长转为中高速增长,结构上不断优化升级,动力上从要素驱动、投资驱动转向创新驱动,我国经济发展进入新常态。2012年11月,党的十八大把生态文明建设放在突出地位,并将其纳入中国特色社会主义事业"五位一体"的总布局。同时,科学发展观地位提升,成为必须长期坚持的指导思想。2015年10月,党的十八届五中全会创造性地提出了绿色发展理念,并将其与创新、协调、开放、共享发展理念共同构成指导未来我国经济社会发展的五大理念。绿色发展理念的提出,对整个社会对环境保护的认识、环境问题的解决都起到战略性作用。该理念最大的突破在于重新梳理了经济发展与环境保护的关系,二者并不是矛盾或对立的,而应具有以下两方面含义:一是发展逼绿色,发展的前提是不影响后代或生态环境,应把环境保护融入经济、政治等各方面,使其同步推进;二是绿色即发展,由于提供优质的生态产品也被纳入发展的内涵,因此绿色就是生产力,就是发展。此外,政府与市场的关系也进一步明晰,市场在资源配置中的作用上升为决定性,表明经济发展主张市场主导下政府的有效作用,而非政府主导下市场的有限作用。2017年10月,党的十九大进一步把生态文明建设纳入"千年大计",反映出保护生态环境须持续进行,且永无止境;将"美丽"一词纳入国家现代化目标之中,使奋斗目标中包含了"五位一体"总布局的全部内容,强调了生态文明建设的重要性;将提供更多"优质生态产品"纳入民生范畴,表明环境即民生,以满足人民日益增长的对美好生活尤其是对美丽环境的需要。中国特色社会主义进入了新时代,我国的经济发展也进入新时代,基本特征表现为我国经济已由高速增长阶段转向高质量发展阶段。在党的十九大报告中,"改革"出现69次,"创新"出现59次,表明对于未来经济发展,改革与创新成为重点。在此期间,经济发展到了"强筋健骨"的时期,"质"成为发展中的关键词,因而环境问题得到更加广泛的重视,环境规制进入全面提升阶段。

  从环境规制的立法体系来看,2014年4月,十二届全国人大常委会第八次会议审议通过环保法修订案。作为我国环境领域的基本法,《中华人民共和国环境保护法》实现了25年来的首次修订。新版《中华人民共和国环境保护法》被誉为"史上最严的环保法"和"长牙齿"的法律,对污染现象打出硬拳头。该法将生态文明理念引入其中,加大了违法排污处罚力度，例如增加"按日计罚"制度、规定行政拘留的处罚措施等，并强化了政府环境保护责任。同时将民间力量纳入环境治理的机制中，专设信息公开与公众参与章节，加强公众对政府与排污企业的监督。2016年12月，《中华人民共和国环境保护税法》颁布，环境保护税自此取代了排污费。该法是我国第一部专门体现"绿色税制"、推进生态文明建设的单行税法，对于构建绿色财税体制、调节污染者污染治理行为、建立绿色生产与消费体系等均起到积极作用。费改税使执法刚性增强，企业不缴费/税的性质由不遵守规矩转变为违法行为。2017年12月，配套法规《中华人民共和国环境保护税法实施条例》正式公布，原《排污费征收使用管理条例》同时废止。在此期间，除命令控制型与市场激励型环境规制外，公众参与、信息披露、生态教育等各类环境规制的方式大量涌现，相关政策日渐增加。2015年7月，《环境保护公众参与办法》出台，作为第一部对环境保护公众参与做出专门规定的部门规章，强调与突出了公众参与在环境规制中的重要作用，为公众参与提供制度保障。在信息披露方面，《国家重点监控企业自行监测及信息公开办法（试行）》（2013年）、《国家重点监控企业污染源监督性监测及信息公开办法（试行）》（2013年）、《企业环境信用评价办法（试行）》（2013年）等相继出台，促进了信息公开共享。在生态教育方面，制定《全国环境宣传教育行动纲要（2011—2015年）》（2011年）、《全国环境宣传教育工作纲要（2016—2020年）》（2016年）等，引导公众自觉履行环境保护义务。

从环境规制的机构建设来看，2015年10月，党的十八届五中全会明确提出实行省以下环保机构监测监察执法垂直管理，使环境规制的有效性、统一性与权威性增强。2016年1月，中央环保督察根据《环境保护督察方案（试行）》在河北开展试点，经过两年时间实现了对全国所有省份的覆盖。从"督查"到"督察"虽一字之差，但体现出环境规制模式的重大变革，即由"以查企业为主"转变为"查督并举、以督政为主"。环境保护部六个区域环保"督查中心"正式升级为区域"督察局"，由事业单位转为环境保护部派出行政机构，表明中央环保督察将成为常态。2018年3月，国务院组成部门再一次调整，组建生态环境部，不再保留环境保护部。这次调整很大程度上改善了此前部门职能重叠造成的资源浪费，减少了监管死角和盲区，集中力量加大环境执法力度与污染整治力度。

总体来说，我国的经济体制从计划经济转向市场经济，经济增长方式由粗放型转向集约型，可持续发展与科学发展逐渐贯彻落实，伴随经济发展进入新常态，经济增速放缓，绿色发展理念开始树立，并逐步转向高质量发展阶段。在此经济背景下，生态环境地位持续上升，环境规制由逐步加强转为快速发展，进而不断完善，最终实现全面提升。环境规制的法律法规从无到有，从有法可依过渡到科学立法，从末端治理为主到强调预防与全过程控制，环境规制的立法体系逐步强化（见表4-1）。环境规制相关部门地位不断提升，规制向集中统一方向发展（见图4-1）。

表4-1　　　　　　　　我国环境规制主要法律法规

颁布时间	法律法规	修订或修正时间
1979年9月13日	《中华人民共和国环境保护法（试行）》	无
1982年8月23日	《中华人民共和国海洋环境保护法》	1999年、2013年、2016年、2017年
1984年5月11日	《中华人民共和国水污染防治法》	1996年、2008年、2017年
1984年9月20日	《中华人民共和国森林法》	1998年、2009年、2019年
1985年6月18日	《中华人民共和国草原法》	2002年、2009年、2013年
1986年3月19日	《中华人民共和国矿产资源法》	1996年、2009年
1987年9月5日	《中华人民共和国大气污染防治法》	1995年、2000年、2015年、2018年
1989年12月26日	《中华人民共和国环境保护法》	2014年
1991年6月29日	《中华人民共和国水土保持法》	2010年
1995年10月30日	《中华人民共和国固体废物污染环境防治法》	2004年、2013年、2015年、2016年、2020年

续表

颁布时间	法律法规	修订或修正时间
1996年8月29日	《中华人民共和国煤炭法》	2009年、2011年、2013年、2016年
1996年10月29日	《中华人民共和国环境噪声污染防治法》	2018年
1997年11月1日	《中华人民共和国节约能源法》	2007年、2016年、2018年
2001年8月31日	《中华人民共和国防沙治沙法》	2018年
2002年6月29日	《中华人民共和国清洁生产促进法》	2012年
2002年10月28日	《中华人民共和国环境影响评价法》	2016年、2018年
2003年6月28日	《中华人民共和国放射性污染防治法》	无
2005年2月28日	《中华人民共和国可再生能源法》	2009年
2008年8月29日	《中华人民共和国循环经济促进法》	2018年
2016年12月25日	《中华人民共和国环境保护税法》	2018年

资料来源：根据相关文献整理所得（时间截至2020年9月）。

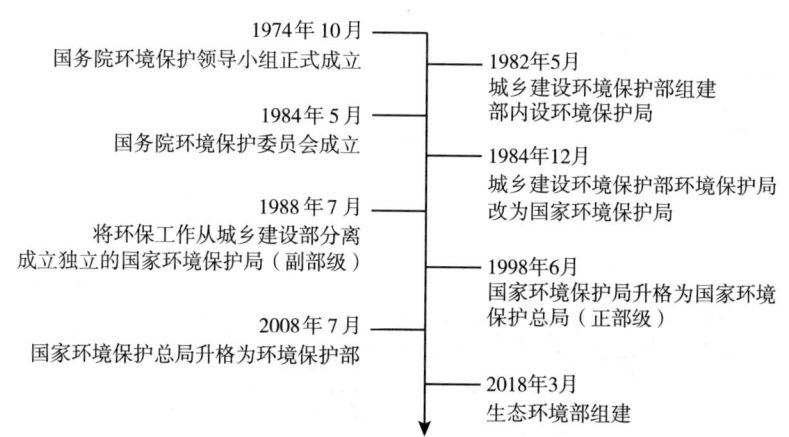

图4-1 我国环境规制机构变迁

第二节 中国环境规制的主要特征

一、环境规制强度总体增加

改革开放以来,我国国内生产总值逐年上升,但增速变化较大(见图4-2)。在改革开放初期,国内生产总值增速出现巨大波动,在1984年达到15.2%,却在1990年跌至3.9%。由于经济建设刚刚起步,环境保护意识较低,环境规制逐步加强。1992年社会主义市场经济体制确立,增速达到14.2%,随后进入整体下降时期。在此阶段,环境问题日益严重,引起政府警觉,环境规制快速发展。随着经济发展方式逐渐变革,社会环境保护意识开始增强。2002~2011年,虽然增速也经历小幅波动,但总体在10%以上,处于我国经济高速增长阶段。不可

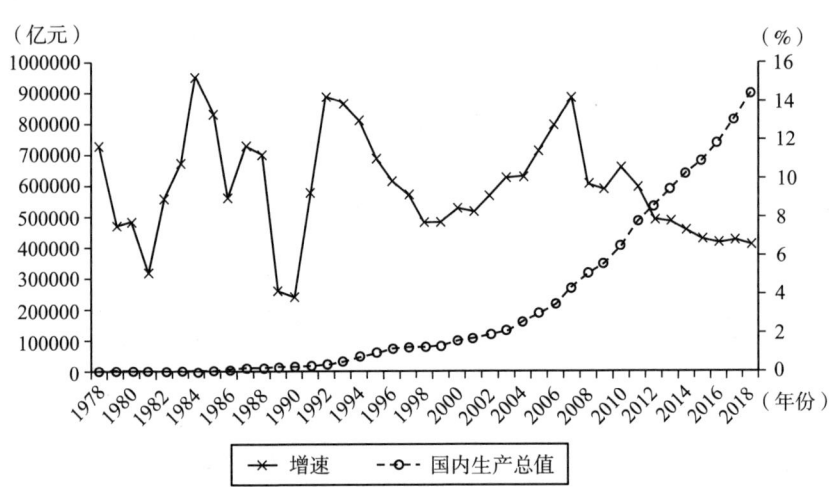

图4-2 改革开放以来我国国内生产总值及其增速

资料来源:《中国统计年鉴(2019)》,其中,国内生产总值按当年价格计算,增速按不变价格计算。

回避的问题是,环境问题持续加重,甚至制约经济发展,二者的矛盾激化,迫使环境规制不断完善。2012年后,经济增速放缓,处于持续降低阶段。进入新常态后,我国经济发展与环境保护由对立转为协调。因而,伴随我国经济从高波动、高增长转向低波动、中高速增长,经济与环境的关系也在逐渐变化,环境规制强度总体增加。

一方面,环境保护投入稳步增长。20世纪80年代初期,我国环境污染治理投资每年仅为25亿~30亿元,约占国内生产总值的0.51%;至80年代末期,投资总额超过100亿元,约占国内生产总值的0.60%;1991~2000年,环境污染治理投资从170亿元增加到1061亿元,占国内生产总值比重首次超过1%[①]。"十五"时期开始,我国将环境保护投资渠道进一步拓宽,资金保障水平提升,环境规制能力增强。"十一五"时期,《政府收支分类改革方案》与《2007年政府收支分类科目》把环境保护作为类级科目纳入。"211环境保护"的首次设立,使环境保护经费日趋完善。进入"十二五"时期,环境保护开始发挥对经济发展的优化与保障作用,并引领或倒逼经济转型升级,环境污染治理投资力度加大。2002~2017年,环境污染治理投资从1367亿元增加到9539亿元,增长约6倍(见图4-3)。在环境污染治理投资中,工业污染源治理投资值得关注(见表4-2)。工业对于我国经济发展至关重要,但由于技术落后、配套监管缺失等各方面因素,工业成为最大污染源。因此,工业污染防治是我国环境规制的重点。2002~2018年,工业污染治理完成投资,虽有所波动,但整体呈上升趋势。第一个波峰出现在2007年,随后投资额开始下降。受到金融危机影响,全球经济进入寒冬,我国经济也难独善其身。在经济衰退背景下,工业污染治理完成投资也有所降低。2010年后投资额开始上涨,至2014年达到第二个峰值,随后开始下降。随着我国经济发展模式转轨,增速逐步降低,经济迈入新常态,投资额也呈下降态势。从工业污染治理完成投资构成上

---

① 董文福、傅德黔、努丽亚:《我国环境污染治理投资的发展及存在问题》,载《中国环境监测》2008年第8期。

看,2018年治理废气占比最高,达到63.27%,治理噪声占比最低,仅为0.24%。2002~2018年,治理废气的投资额增长最快,增加约5倍。

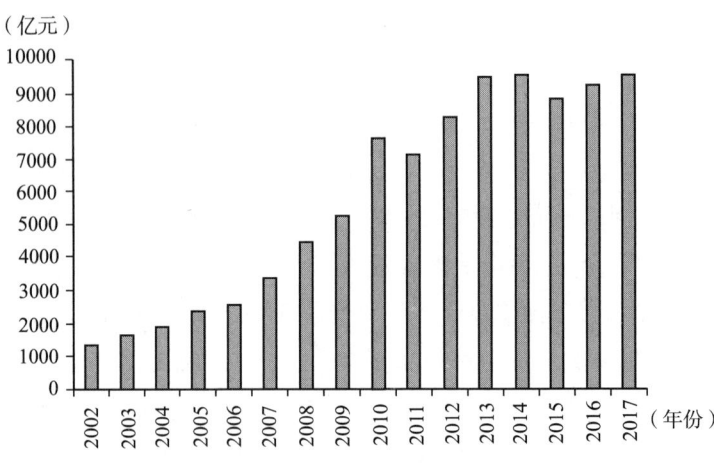

图4-3 2002~2017年环境污染治理投资总额

资料来源:相关年份《中国统计年鉴》,2018年相关数据缺失。

表4-2　　　　我国工业污染治理投资完成情况　　　　单位:万元

年份	工业污染治理完成投资	治理废水	治理废气	治理固体废物	治理噪声	治理其他
2002	1883663	714935	697864	161287	10464	299113
2003	2218281	873748	921222	161763	10139	251408
2004	3081060	1055868	1427975	226465	13416	357336
2005	4581909	1337147	2129571	274181	30613	810396
2006	4839485	1511165	2332697	182631	30145	782848
2007	5523909	1960722	2752642	182532	18279	606838
2008	5426404	1945977	2656987	196851	28383	598206
2009	4426207	1494606	2324616	218536	14100	374349
2010	3969768	1295519	1881883	142692	14193	620021

续表

年份	工业污染治理完成投资	治理废水	治理废气	治理固体废物	治理噪声	治理其他
2011	4443610	1577471	2116811	313875	21623	413831
2012	5004573	1403448	2577139	247499	11627	764860
2013	8496647	1248822	6409109	140480	17628	680608
2014	9976511	1152473	7893935	150504	10950	768649
2015	7736822	1184138	5218073	161468	27892	1145251
2016	8190041	1082395	5614702	466733	6236	1019974
2017	6815345	763760	4462628	127419	12862	1448676
2018	6212736	640082	3931104	184249	15181	1442119

另一方面，环境规制执法力度明显加大。2002 年，全国实施行政处罚案件 10 万件，处罚金额约 3 亿元，2018 年行政处罚案件达到 18.6 万件，罚款金额高达 152.8 亿元[①]。行政处罚案件数量增长不到 1 倍，但罚款数额增长了约 50 倍，可见环境规制的处罚力度显著增强。2014 年新版《中华人民共和国环境保护法》的颁布使环境规制力度加速提升。根据《国务院办公厅关于加强环境监管执法的通知》，环境保护部对 25 个城市开展环境综合督察。根据《2014 中国环境状况公报》，2014 年各地环境保护部门向公安机关移送涉嫌环境违法犯罪案件 2180 件，是过去 10 年总和的 2 倍[②]。此外，全国罚款金额也成倍增加（见图 4-4）。2018 年，生态环境保护督察执法进一步强化。中央生态环保督察组分批次对河北等 20 个省份开展中央生态环境保护督察"回头看"，将 103 个典型案例公开通报，将 122 个生态环境破坏责任追求问题同步移交，进一步压实地方政府及相关部门生态环境保护责任，加大重视程度，强化推进力度，并持续组织开展全国环境执法大练兵活动。

---

① 资料来源于历年《环境统计年报》。
② 资料来源于《2014 中国环境状况公报》。

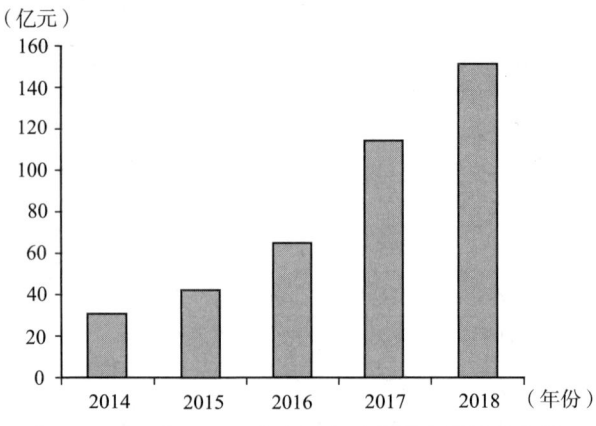

图 4-4　2014~2018 年全国行政处罚案件罚款金额

资料来源：2014~2018 年《中国生态环境状况公报》。

二、环境规制理念逐渐转变

1973 年 8 月 5 日，第一次全国环境保护会议召开，揭开了我国环境保护事业的序幕。根据相关文献，有关新中国环境保护事业的回顾性研究，几乎都从此次会议开始。不可否认，在此之前我国政府在环境保护问题上做了诸多努力，例如成立"三废"利用领导小组、召开有关污染治理的会议、进行污染调查等，这为日后我国环境保护事业的顺利开展奠定基础。但是，这些工作的指导理念是"环境卫生"，并非"环境保护"，因此并不能算作现代意义上的环境保护（张连辉，2010）。而此次会议确定了环境保护的 32 字工作方针，并第一次承认实行社会主义制度的我国也存在较为严重的环境问题，应进行治理，同时将环境保护纳入各级政府的职能范围，标志着我国环境保护事业开始起步。改革开放前，我国的环境保护工作以治污为主，工作重点为"三废"治理与综合利用。直至 1983 年 12 月第二次全国环境保护会议后，才把环境管理摆在突出位置，并将环境保护确立为基本国策。1989 年 4 月第三次全国环境保护会议进一步提出了三大环境政策与八项制度，包括坚持预防为主、强化环境管理等。由于我国《中华人民共和国环境保护法

（试行）》的一项基本原则为"谁污染、谁治理"，虽然明确了责任，但环境规制的理念局限于"环境保护同经济、社会发展相协调"，这表明当环境保护同经济社会发展冲突时，经济社会发展仍是第一位，环境保护的地位远不及经济社会发展。

20世纪90年代，随着市场化进程的推进，环境问题日益严峻。1996年7月第四次环境保护会议提出要坚持污染防治与生态保护并举，全面推进环境保护工作。伴随科学发展观在我国的确立，环境规制理念发生重大转变，逐步形成了"使经济、社会发展与环境保护相协调"的观念，意味着环境保护地位上升。进入21世纪，我国经济持续高速发展，对外开放水平大幅提高，然而环境保护与经济发展的冲突愈演愈烈。2002年1月，第五次全国环境保护会议提出了环境保护是政府的一项重要职能，应按照相应要求动员全社会的力量做好这项工作。2006年6月，第六次全国环境保护会议提出应加快实现三个转变，即由重经济增长轻环境保护转为二者并重，由环境保护滞后于经济发展转为二者同步，由主要依靠行政办法保护环境转为综合运用法律、经济等各种方式。在此阶段，环境规制意识增强，理念由污染防治与生态保护并举转为在发展中保护、在保护中发展。同时，科学发展观与生态文明观的提出标志着环境规制理念的升华。2012年后，追求经济增长速度的目标弱化，实现经济高质量发展的观点逐渐深入人心。生态文明建设的地位不断提升，环境保护的外延扩展到生态保护，甚至生态成为产品，由于其就是经济发展本身，因而环境与经济的矛盾减弱。全国环境保护大会被改为全国生态环境保护大会，于2018年5月18日召开，提出"生态文明建设是关系中华民族永续发展的根本大计"，在建设中提倡节约与保护优先，并以自然恢复为主。高质量发展应以生态优先、绿色发展为导向，可见环境规制的理念全面提升。

三、环境规制方式更加多元

改革开放初期，我国实行"计划经济为主，市场调节为辅"的经济方针，计划经济同商品经济的关系为"公有制基础上的有计划的商品经济"。此后，虽然市场调节的地位提高，实行"国家调节市场，市场引导企业"的经济运行模式，但是经济体制中"计划"色彩依旧存在。因而，我国在此阶段的环境规制以命令控制型为主，例如环境影响评价制度、"三同时"制度、排污许可证制度和污染限期治理制度等。这些通过制定技术标准与绩效标准约束企业行为的强制性环境规制政策能够依托行政命令或处罚解决环境外部性问题，其中很大一部分政策已经以立法的形式固化下来。这种自上而下实施的具有强制约束力的政策虽然能够一定程度上解决环境问题，但被规制者被动接受规制，其主观能动性与积极性没有得到激发。

社会主义市场经济体制确立后，环境问题日益严重，命令控制型环境规制的弊端凸显，市场激励型环境规制开始兴起。通过市场机制的作用影响企业的生产行为与排污决策，实现企业利益与减排的双赢。与命令控制型环境规制相比，市场激励型环境规制对被规制者而言，不仅能够激励其降低成本，更重要的是激发减污技术的创新与进步；对于规制者而言，市场信号能够区分排污企业，一定程度上解决信息不对称问题，降低信息成本，增强规制的有效性。环境税费、补贴、押金返还与可交易许可证等形式的市场激励型环境规制可以将外部效应内部化，但由于只作为命令控制型环境规制的补充，加之自身也存在一定弊端，其作用发挥有限。进入 21 世纪，伴随市场经济体制改革的深入，市场激励型环境规制迅速发展，公众参与、信息披露等方式的环境规制开始显现。实际上，早在《中华人民共和国环境保护法（试行）》与《中华人民共和国环境保护法》中就有公众能够举报污染企业的相关规定，但仅为宣言式的规定，缺乏公众参与形式、信息公开方式等具体内容（刘明明，2018）。随着相关法律法规的确立与完善，公众参与、信息公开等规制方式具有制度基础，被规制者与规制者都能够得到更广泛的监督。

随着科技的不断发展，大数据时代到来，市场激励型环境规制得以进一步完善，人民对美丽环境的需求使自愿型环境规制蓬勃发展，信息披露、生态教育等各种形式的环境规制遍地开花。新版《中华人民共和国环境保护法》对公众的知情权、参与权与监督权得以明确，并要求重点排污单位主动公开相关信息，对建设项目环境影响评价的公众参与进一步完善。此外，该法规定了每年的6月5日为环境日，政府、社会组织、教育部门等各方应加强环境保护的宣传与普及。2011年3月《环保举报热线工作管理办法》开始实施，2012~2018年受理群众举报从1556件上涨为710117件①。从最初的"12369"环保举报热线，到2015年微信举报开通，再到2016年全国"12369"环保举报管理平台的建成运行，实现了全国环境保护举报数据联网的目标，即各级"12369"热线电话、微信、网络等举报渠道整合与"国家—省—市—区县"四级数据互联共享。由图4-5可知，举报量逐年递增，其中，电话举报量在2018年有所降低，其余形式举报量均提高。从占比来看，电话举报形式始终占比最多但呈逐年降低趋势，网络举报形式始终占比最低，但呈整体上升趋势。2018年，除以下三种主要渠道外，另外还有11754件

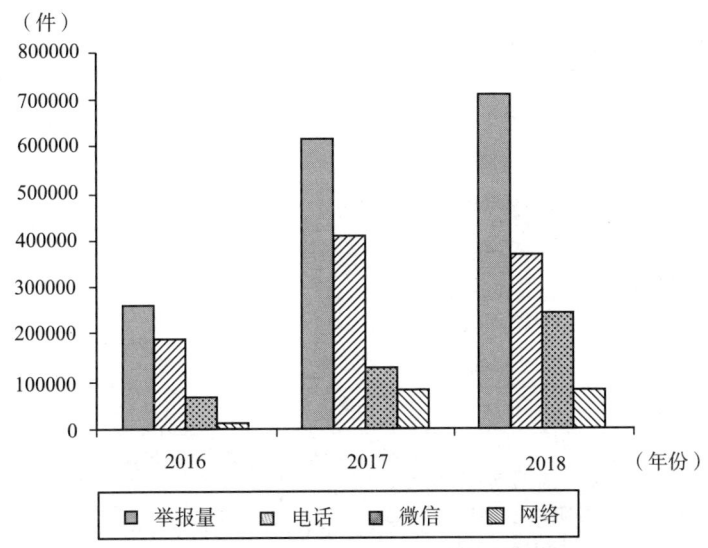

图4-5 2016~2018年全国主要渠道举报量

资料来源：根据中华人民共和国生态环境部网站相关文件整理。

---

① 中华人民共和国生态环境部网站，http://www.mee.gov.cn/。

国务院大督查网民留言与2148件其他渠道举报通过联网平台交由地方处理①。由此可见，信息化的不断推进使环境规制方式更加多元化，在企业自我监督的基础上，广大公众也能够更多地参与规制，提供不可缺少的监督力量。

改革开放至今，我国的经济体制由"计划"逐渐转为"市场"，经济增长方式由粗放型转为集约型，并进一步通过可持续发展、科学发展与绿色发展向高质量发展转变。伴随环境与经济关系的不断变化，环境规制理念从"谁污染、谁治理"向"生态优先、绿色发展"转变，从单纯的企业治污减排到清洁生产全过程控制与循环经济的发展，体现了党和政府对经济发展与环境保护关系的认识愈加深刻。随着市场化进程不断推进，信息化水平逐步提高，环境规制的方式也由单一命令转为多元规制。总体而言，环境规制投入稳步增长，环境规制执法力度明显加大，环境规制由逐步加强阶段转为全面提升阶段（见表4-3）。

表4-3　　　　我国经济与环境规制历史演进及趋势特征

研究对象		1978~1991年	1992~2001年	2002~2011年	2012年至今
经济	背景	改革开放初期	市场经济体制确立	21世纪经济高速增长	进入新常态
	体制	计划—市场			
	增长方式	粗放型—集约型—可持续发展、科学发展、绿色发展—高质量发展			
环境与经济关系		环保意识低	产生矛盾	矛盾加剧	协调发展
环境规制	阶段	逐步加强	快速发展	不断完善	全面提升
	强度	环境保护投入、执法力度不断增强			
	理念	预防为主、谁污染谁治理、强化环境管理	污染防治与生态保护并举	在发展中保护在保护中发展	生态优先绿色发展

---

① 中华人民共和国生态环境部网站，http://www.mee.gov.cn/。

续表

研究对象	年份	1978~1991年	1992~2001年	2002~2011年	2012年至今
环境规制	方式	命令控制型	市场激励型兴起	市场激励型快速发展、公众参与、信息披露等方式开始显现	各类形式大量涌现

第三节 中国环境规制存在的主要问题

我国的环境规制效果显著，蓝天保卫战、碧水保卫战与净土保卫战稳步推进，截至2018年，全国生态环境质量持续改善，主要污染物排放总量与单位国内生产总值二氧化碳排放量进一步下降，生态保护的年度目标按时完成。然而，环境规制中仍存在一些问题亟待解决。

一、多元目标存在冲突

对于环境规制来说，政府是外部强制性力量，能够约束企业行为；企业是主要内部力量，能够从源头上解决环境问题；公众能够监督政府与企业的行为；因而它们均是环境规制的重要组成部分。在环境问题多元共治中，由于不同治理主体所遵循的逻辑不同，导致环境规制的动机不同、目标不同，易产生冲突与矛盾，最终造成环境规制困境，影响规制效果（见图4-6）。

我国中央与地方分权下，中央政府与地方政府的目标具有差异，易产生纵向矛盾，各地政府间具有竞争而非合作意识，易产生横向矛盾（汤金金、孙荣，2019）。中央政府作为国家行政治理体系的支配方，遵循国家的逻辑，为巩固治理的合法性首要考虑公共利益。既要承担环境规制的兜底性责任，又要注重经济发展。由于中央政府须兼顾多重目标，因此其对环境规制的关注度有限，规制力量有待进一步提高。地方政府作为国家行政治理体系的被支配方，需要执行中央政府的任务，在

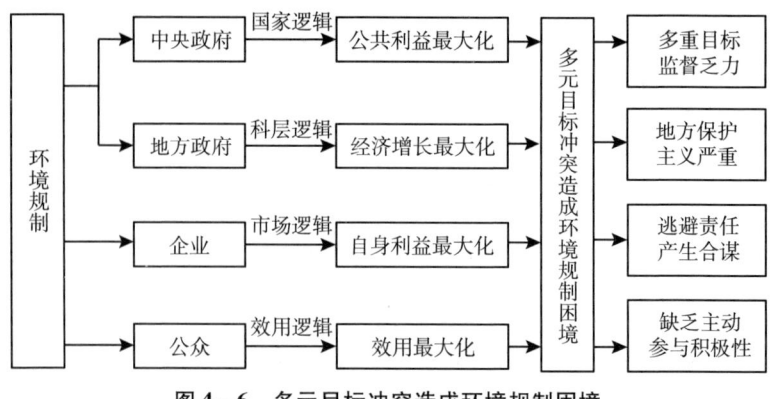

图 4-6　多元目标冲突造成环境规制困境

科层制度环境下对环境规制与经济发展两个方面进行权衡。财政分权使地方政府高度重视本地经济增长以及由此带来的财税增长，从而弱化甚至无视环境规制。在中央政府监督乏力与问责不充分的情况下，某些政府官员为了政治晋升甘愿成为污染企业特别是能带来巨大财政收入的污染企业的"保护伞"，在某些审批上给予照顾，甚至对于上级检查通风报信。政企合谋使某些地方政府偏离中央政府目标，并可能造成官员腐败。地方保护主义会产生纵向矛盾，既对环境政策有选择性执行，也会带来横向冲突。例如从本地区狭义利益出发，与其他地方政府争夺各种资源，以实现本地政府或官员利益最大化。此外，对于其他地区行使职权采取不协助的消极应对，无益于区域环境问题的解决。企业作为环境规制最重要的内部力量，理应进行污染治理，并创新治污技术。但在市场经济大环境下，其遵循市场逻辑追求自身利益最大化，势必会寻找各种方式降低成本，可能逃避环境保护责任，甚至与地方政府产生合谋。公众虽然能够同时监督规制者与被规制者，但这种环境规制的参与遵循自愿原则，规制效果有限。公众根据效用逻辑追求自身效用的最大化，渴望拥有美丽环境；但只有在自身受到环境问题的影响时，才会以维权的形式参与环境规制，主动参与的积极性相对缺乏。

二、规制方式存在非对称性

虽然我国的环境规制方式向多元化发展,但现阶段仍然以命令控制型规制方式为主,其他类型的规制方式运用相对较少(曹霞、冯莉,2019),且存在一些问题,因而环境规制方式存在非对称性。

市场激励型规制方式在一些方面优于命令控制型规制方式,但在实践中存在诸多问题阻碍市场激励型环境规制的有效运用。2018年1月1日开始施行的环境保护费改税有利于解决原排污费制度存在的执法刚性不足、地方政府干预等问题,但税法中应税污染物范围较窄,通过税收引导消费进而达到保护环境的目的远没有达到。此外,基于当时实际情况制定的税额并没有根据地区经济发展、治污减排成本、排污具体情况等各项因素的变化进行动态调整。在排污权交易方面,存在政府与市场关系模糊,定价方法与依据不明确,有偿使用价格与年限不均衡等问题。有偿使用与交易市场不完善,定价机制不健全导致我国排污权交易试点喜忧参半。2017年12月,全国碳排放交易体系正式启动,但在制定配额总量目标、稳定价格、确保行业间公平性等方面面临挑战。我国的排污权交易市场仍然以试点方式为主,没有得到大面积推广,有待进一步发展完善。公众参与型规制方式有利于构建环境多元共治体系,避免政府单一规制可能产生的一些弊端。然而,公众在参与环境规制时存在能力不足与资金不足等问题。公众普遍缺乏主动参与环境规制的意识与经验,当自身权益受损时,一部分人可能被动接受,另一部分人则选择维权。在维权过程中由于缺乏相关环境法律法规知识,环境规制能力有限,易产生群体性事件。这种激进的参与方式伴随参与过程混乱无序、公众情绪非理性,可能导致公众参与危机,无益于环境问题的解决。庞大的公众群体确实能够对政府与企业进行更好监督,但由于人员组成复杂,能力水平存在差异,不同群体的多种诉求将会降低此种方式环境规制的有效性。一些社会环境保护组织专业性较弱,加之组织资金不足,环境规制参与的深度与广度有待进一步提高。此外,在环境规制中还存在信息公开不及时不全面、环境保护宣传不到位等一系列问题。

三、"一刀切"现象仍然存在

"一刀切"环境规制方式已经不能满足我国环境保护的要求，应根据各地区经济社会发展情况、地理位置、技术能力等制定不同的环境规制政策。我国正逐步推广环境规制政策的区域差异化，但随着区域差异特征的变化，包括环境要素差异化领域拓宽、区域范畴逐渐细化等，原有政策将不能满足当前区域差异化政策的需求。

"一刀切"现象除了表现为所有地区使用相同政策外，更体现在环境规制执法过程中。虽然《禁止环保"一刀切"工作意见》等出台后，"一刀切"问题有所缓解，但并没有根除，问题仍然存在。一些地方政府为达到上级环境保护目标，在不了解实际情况下就采取"一律关停""先停再说"等简单粗暴行为，例如用强制禁煤手段推行清洁取暖，严重影响群众温暖过冬，再例如对于板材企业、货运公司、街镇餐饮企业等几乎全部停业整顿，严重影响了当地群众正常生活。这种"一刀切"现象看似效果显著，但却背离环境规制初衷，误伤守法企业，牺牲群众利益。具体来看，一种情况是平时不作为、紧急乱作为。当督察检查一来，不分青红皂白"先停再说"，等到督察检查完毕，又依然故我。第二种情况是发现问题不给予合理的整改时间。一些历史遗留问题，由于存在时间较长，解决也需要一个过程。但某些有关部门对待所有问题的处理方式相同，甚至直接关闭企业。环境规制"一刀切"体现了不愿作为与不会作为的懒政，但实际上也是一种权力的滥用。为追求环境保护政绩，与民生相互对立。"一刀切"遵循的逻辑为"宁可错杀一万，不可放过一个"，即便取得良好的规制效果，但对民生的干扰，对企业积极性的打击也是立竿见影的。显然，"一刀切""齐步走"的环境规制执法使真实规制效果适得其反。

四、职能交叉与权责不清

由于环境保护工作涉及众多部门，许多职能出现交叉重叠。生态环境部的组建有助于实现"五个打通"，将分散的污染防治与生态保护职责统一起来。但随着污染防治攻坚工作的深入展开，一些职能交叉的环境规制难题凸显。由于各部门分工不明确、权责不清，部门间协调困难，各个职能部门合力作用难以有效发挥。环境规制政出多门的后果是不同部门从各自利益出发，若有益可得则互相争夺审批、收费等各项权限，若无利可图则推卸责任、互相推诿，人为造成许多规制漏洞。对于基层环境规制部门而言，兼有地方性与部门性两种属性，地方政府的价值立场与态度会影响环境规制。环境问题往往具有综合性，需要各部门、各地区合作解决，但由于缺乏联动、各自为政，出现"谁都在管、谁都不担责"的规制真空。同时，环境规制者具有有限理性，各地政府本身的规制能力、规制偏好等存在差异，造成环境规制在实施过程中的现实与预期效果差距较大，可能存在规制失灵。

此外，由于环境规制的意识不到位，也造成了权责交织混乱。在过去，环境保护部门一直是弱势部门，存在经费不足与人员缺少现象。若干年积累的环保痼疾，在近些年突然转变为"三大攻坚战"等十分紧迫的政治任务。相关工作人员固有的思维模式在巨大压力下，易导致规制政策执行偏差。政府若对环境规制的认识不充分，将直接导致责任落实不到位，出现不作为现象。一些地方政府对于应当按时完成的相关治理工作一拖再拖，任务完成度较差，出现慢作为现象。在第四批中央环境保护督察8省（区）公开移交案件中，涉及不作为与慢作为问题比重高达44%，涉及推诿扯皮，导致失职失责的问题比重约15%[①]。可见不担当、不碰硬这类问题严重制约了环境规制政策的有效落实。

---

① 中华人民共和国生态环境部网站，http://www.mee.gov.cn/。

五、环境风险防范有待加强

我国生态环境系统脆弱，在长期经济发展过程中，积累了较多生态环境问题，环境风险的累积逐步以突发环境事件的形式爆发。在环境规制下，我国的生态环境已经取得明显改善，环境预警与应急能力逐渐提高。2002年以来，我国突发环境事件的次数总体减少（见图4-7）。具体来看，2002~2007年突发环境事件大幅减少，表明环境风险防范取得成效。2007年后，突发环境事件下降幅度有限，甚至出现回升，风险防范或预警似乎出现瓶颈。在一些化工、印染、冶金等环境污染高风险企业集聚的地区，尤其是沿江河区域，突发环境事件风险较高。在我国重点流域周边，聚集了大量工业企业，一些企业或者工业园区环境预警机制并不完善，环境事故风险防范措施不完备，一旦发生环境事件，将会对生态环境造成危害，例如对饮用水安全造成威胁等。一些企业安全生产意识较低，由此可能引发次生环境风险事件，例如煤矿瓦斯爆炸、危险品仓库爆炸等事故，均会对环境产生重大影响。2011年开始，突发环境事件不再以水、大气、海洋、固体废物等污染内容进行划分，而是以其所造成的后果严重程度进行划分，将突发环境事件具体分为特别重大、重大、较大与一般四个等级。虽然特别重大环境事件并没有发生，但2015年后较大环境事件不降反升，重大环境事件也在2018年有所反弹（见图4-8）。这表明，增强我国的环境监测监控预警能力应常抓不懈。

然而，我国的环境监测监控能力相对薄弱，精确监测与评估生态环境各项指标是我国环境规制现代化进程面临的挑战。我国已建立森林资源清查体系、土地荒漠化和沙化监测体系等，以为环境规制提供重要数据。但是，《生态治理蓝皮书：中国生态治理发展报告（2019-2020）》显示，在生态治理过程中，基础监测数据仍然在准确性、及时性与可比性等方面存在问题。对于监测数据而言，体系的割裂可能造成重复计算，生态环境的变化可能造成数据陈旧，监测方式的差异可能造成数据无法比对。此外，一些地区虽然建立环境监测站，但相关仪器设备不齐全，难以满足地区环境监测的需要。

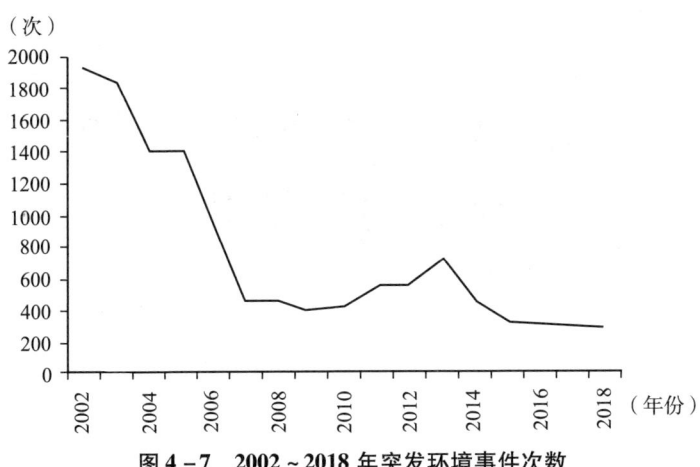

图 4-7　2002~2018 年突发环境事件次数

资料来源：相关年份《中国统计年鉴》。

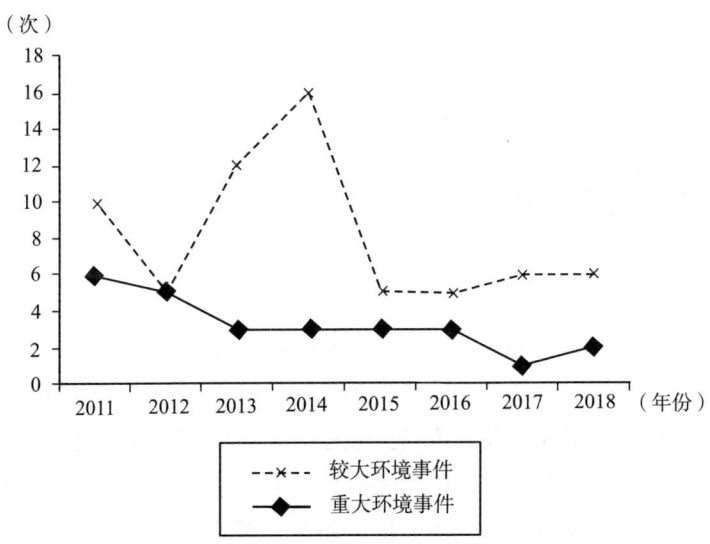

图 4-8　2011~2018 年突发环境事件情况

资料来源：相关年份《中国统计年鉴》。

第五章

中国经济增长质量的测度及其动态变化

第一节 经济增长质量指标体系构建

建立科学可行的评价指标体系是测度中国经济增长质量的重中之重。第三章已对经济增长质量这一概念进行了界定与剖析,本章将基于此构建我国经济增长质量的指标体系,并进行测度评价。

一、指标体系构建

评价指标体系的构建应遵循以下几个原则(杜栋等,2015)。

(1) 指标应具有简约性。指标宜少不宜多,宜简不宜繁。评价指标并非越多越好,而是在于这些指标在评价过程中发挥作用的大小。以目的性为导向,指标体系从范围上应包括为实现评价目标所需要的基本内容,并且这些基本内容可以反映对象的所有信息。当然,指标的精炼可降低评价的时间与成本,使评价活动易于展开。

(2) 指标应具有独立性。每一个指标的内涵应该清晰明确,并且相对独立。在构建指标体系过程中,应做到有条有理、层次分明,即紧密围绕评价的目标步步展开，使评价结论能够真实准确反映评价意图。

（3）指标应具有代表性。指标的代表性体现在它可以很好地反映研究对象的某一方面特征，因此应在分析研究的基础上，选取可以全方位反映研究对象每一方面的指标。

（4）指标应具有可比性。指标间需要具有显著的差异性，同时，在制定评价指标与标准时应符合客观实际，便于比较。

（5）指标应具有可行性。在符合客观实际水平的基础上，应考虑到数据的来源，即应具有可测性。评价指标应当含义明确，数据须规范统一。

依据国内外已有研究成果，结合前文分析与上述原则，本章按照经济效率、经济结构、经济稳定性、经济持续性与经济开放性五个维度构建经济增长质量的指标体系。表5-1列出了测度我国经济增长质量的21个基础指标，并对其计量单位以及属性进行简要介绍。

表5-1　　　　　　　中国经济增长质量指标体系

总指标	维度指标	分项指标	具体指标	单位	指标属性
经济增长质量	效率	要素生产率	劳动生产率	万元/人	正
			资本生产率	—	正
		能源利用率	单位产出能耗	吨标准煤/万元	逆
	结构	产业结构	第三产业产值/第二产业产值	—	正
			泰尔指数	—	逆
		需求结构	投资率	%	适度
			消费率	%	适度
			投资率/消费率	%	逆
		收入分配结构	城乡收入比	—	逆
		金融结构	存款余额/GDP	—	正
			贷款余额/GDP	—	正
		城乡二元结构	二元对比系数	—	正
			二元反差指数	—	逆

续表

总指标	维度指标	分项指标	具体指标	单位	指标属性
经济增长质量	稳定性	产出波动	经济波动率	%	逆
		价格波动	通货膨胀率	%	逆
		就业波动	失业率	%	逆
	持续性	技术创新	专利授权数	件	正
			R&D 投入强度	%	正
		制度创新	市场化指数	—	正
	开放性	贸易依存度	进出口总额/GDP	—	正
		外资依存度	外商直接投资/GDP	—	正

二、指标选取与说明

(一) 经济效率

从经济效率角度出发,主要包括两个方面,即要素生产率与能源利用率。

(1) 要素生产率。要素生产率反映了生产活动在一定时间内的效率,可分为劳动生产率与资本生产率。劳动生产率水平既能够用同一劳动在单位时间内生产某种产品的数量表示,也可以用单位产品所花费的劳动时间表示,即单位时间内生产的产品数量越多或生产单位产品耗费的劳动时间越少,则劳动生产率越高。本章运用前一表示方法,利用实际 GDP 与从业人数的比值计算。资本生产率是一定时期内单位资本存量所创造的产出,产出量越大代表投资效率越高,一般用实际 GDP 与资本存量之比表示。在具体计算中,资本存量的计算是关键所在。目前,普遍使用的计算方法为戈德史密斯 (Goldsmith) 于 1951 年创立的永续盘存法,公式为:

$$K_{it} = K_{it-1}(1-\delta) + I_{it} \qquad (5.1)$$

其中,i 代表第 i 个地区,t 代表第 t 年。I 代表投资,通常用全社会固定资产投资表示,利用固定资产投资价格指数剔除了价格因素的影响,得到实际投资变量。K 代表资本,基期资本按照资本形成总额比折旧率与固定资产投资平均增长率之和进行估算,δ 代表折旧率,采用 10.96%(单豪杰,2008)。

(2)能源利用率。《中国能源供需报告》指出,2018 年我国能源消费总量为 46.4 亿吨标准煤,占比超过全球一次能源消费总量的 1/5,连续十年位居世界第一。虽然我国长期以来的经济发展方式以粗放型为主,但随着能源科技的不断进步,能效水平显著提高。2018 年单位 GDP 能耗下降到 0.52 吨标准煤/万元,与 1953 年相比,降低 43.1%。能源利用率代表经济活动中对能源的利用程度,可以用单位产出能耗表示,即能源消费总量与 GDP 之比,反映能源消费水平与节能降耗情况。

(二)经济结构

从经济结构角度出发,本章认为产业结构、需求结构、收入分配结构、金融结构与城乡二元结构是影响经济增长质量的主要因素。

(1)产业结构。产业结构通常是指农业、工业与服务业在经济结构中所占比重,英国经济学家克拉克(Clark,1940)认为,产业结构会从以第一产业为主向以第二产业为主,再向以第三产业为主转变,人均收入的改变会引起劳动力的流动,导致产业结构不断演进。产业结构的优化升级实质上体现在两个方面,即产业结构的高级化与合理化(干春晖等,2011)。产业结构的高级化应反映出经济结构服务化的倾向,因此用第三产业产值与第二产业产值之比衡量。产业结构的合理化是指现有技术条件下所实现的产业之间的协调程度,用泰尔指数表示,其计算公式如下:

$$TL = \sum_{i=1}^{n} \left(\frac{Y_i}{Y}\right) \ln\left(\frac{\frac{Y_i}{L_i}}{\frac{Y}{L}}\right) \tag{5.2}$$

其中,TL 代表泰尔指数,Y 代表产值,L 代表就业,i 代表第 i 产业，n代表产业数量。若经济处于均衡状态，则 TL = 0。若 TL ≠ 0，表明产业结构偏离均衡，产业结构处于不合理状态。泰尔指数既考虑了产业的相对重要性，避免绝对值计算，又保留了结构偏离度的内涵，是产业结构合理化的最佳度量指标之一。

（2）需求结构。需求结构可以反映社会总体有效购买力在各个产业中的分配情况，通常用投资率、消费率等表示，为了进一步体现投资与消费的关系，本章加入了投资率与消费率之比这一指标。由于投资率是资本形成总额占支出法国内生产总值的比重，消费率是最终消费支出占支出法国内生产总值的比重，因此二者的比重代表了资本形成总额与最终消费支出之比，即投资消费比。

（3）收入分配结构。我国现有的收入分配差异主要体现在城乡收入差距上，因此用城乡收入之比，即城镇人均可支配收入比农村人均可支配收入来衡量收入分配结构。

（4）金融结构。要素禀赋的结构决定了当前阶段的最优产业与技术结构特性，也决定了具有自生能力企业的规模大小与风险特点，最终形成了对金融服务的特定需求，这就是决定金融结构的关键所在。若地区的金融结构与其最优产业结构相适应，则有利于具有比较优势或自生能力的企业发展，创造更多经济利益，从而形成基本积累（林毅夫等，2009）。金融结构的衡量指标通常有不良贷款率、银行业市场集中度、M2/GDP、金融相关率等，运用金融机构存款余额、贷款余额与GDP之比来衡量。

（5）城乡二元结构。我国在传统农业经济转向现代工业经济的过程中，出现了以小农生产为主的农村经济与以社会化生产为主的城市经济并存的经济结构，相对落后与不断进步的生产、生活方式构成了城乡二元结构。对于二元结构的衡量指标有各产业比较劳动生产率、二元对比系数和二元反差指数，由于后两者指标包含了第一种指标，因此用二元对比系数与二元反差指数衡量二元结构。二元对比系数为农业比较劳动生产率与非农业比较劳动生产率之比，计算公式如下：

$$R_1 = \frac{B_1}{B_2}, \quad B_1 = \frac{\frac{Y_1}{Y}}{\frac{L_1}{L}}, \quad B_2 = \frac{\frac{Y_2 + Y_3}{Y}}{\frac{L_2 + L_3}{L}} \tag{5.3}$$

$$L_1 + L_2 + L_3 = L, \quad Y_1 + Y_2 + Y_3 = Y \tag{5.4}$$

其中，L 为从业人数，L_i 为第 i 产业从业人数；Y 为国内生产总值，Y_i 为第 i 产业国内生产总值；B 为比较劳动生产率，即产值比重与就业比重之比，B_1 为农业比较劳动生产率，B_2 为非农业比较劳动生产率；R_1 为二元对比系数。二元对比系数越大，表示农业与非农业部门差别越小，反之，则二者差别越大，说明城乡二元结构越明显。二元反差指数为非农产业的产值比重与就业比重之差的绝对值，计算公式如下：

$$R_2 = \left| \frac{Y_2 + Y_3}{Y} - \frac{L_2 + L_3}{L} \right| \tag{5.5}$$

其中，R_2 为二元反差指数，其他字母含义同上。二元反差指数与二元对比系数正好相反，反差指数越大，经济结构的二元性越明显，而当反差指数降低为 0，则二元性消失。

(三) 经济稳定性

经济增长具有周期性的波动，主要体现在产出、价格与就业三个方面。

(1) 产出波动。产出波动反映经济波动率的大小，选择实际经济增长率进行测度，即：

实际经济增长率 =（本年 GDP 指数 – 前一年 GDP 指数）/前一年 GDP 指数

(2) 价格波动。通常情况下，商品价格会围绕其价值上下波动，物价水平的上升幅度用通货膨胀率来表示。通货膨胀率可用消费者价格指数（CPI）、生产者价格指数（PPI）和 GNP 折算价格指数等价格指数的增长率进行计算，本章采用第一种价格指数，即：

通货膨胀率 =（本期 CPI – 比较期 CPI）/比较期 CPI

(3) 就业波动。就业波动用城镇登记失业率进行测算。

(四) 经济持续性

经济增长可来源于资本、技术等，根据索洛模型发现，资本积累的差异不能解释收入差距，实际上增长的源泉并非物质资本，而是技术进步率。而新制度经济学派认为制度是经济长期增长的根本原因，经济制度的不同是国家间经济增长与发达程度不同的主要因素。因此，本章选择技术创新与制度创新衡量经济的可持续性。

（1）技术创新。技术创新是指以创造新技术为目标的创新或者依托科学技术知识及其创造的资源所进行的创新，用专利授权数和 R&D 投入强度表示，其中 R&D 投入强度可用 R&D 经费支出与 GDP 之比计算。

（2）制度创新。制度创新是创新的前提与关键，制度发达程度的区域特点能够集中表现为市场化程度的区域性，因而市场化程度可作为一个制度背景单位，衡量所在地区的制度环境（马富萍、茶娜，2012）。本书借鉴钞小静和任保平（2011）的研究方法，用市场化指数进行测算。市场化指数包含政府与市场的关系、非国有经济的发展、产品市场的发育程度、要素市场的发育程度、市场中介组织的发育和法治环境五个方面，该指数能够反映各省份市场化进程的相对情况，较高的评分代表相对较高的市场化程度，该项指标数据主要基于王小鲁、樊纲和胡李鹏（2019）的研究成果。

(五) 经济开放性

从经济开放性角度出发，主要包括两个方面，即贸易依存度与外资依存度。

（1）贸易依存度。贸易依存度既可以反映一个国家的对外贸易在国民经济中的地位、比重或者国民经济对对外贸易的依赖程度，也可以表明一国与其他国家经济联系的密切程度与参与世界市场、国际经济的深度。贸易依存度亦可进一步分为出口依存度与进口依存度，考虑分析目的，本书选择进出口总额与 GDP 比值作为度量贸易依存度的基础指标。

(2) 外资依存度。外商直接投资是指外国投资者在我国境内，按照我国相关政策法规，通过设立外商投资企业、合伙企业、与中方投资者共同进行资源的合作勘探开发以及设立外国公司分支机构等方式进行投资。因此，可用外商直接投资与 GDP 之比作为外资依存度的基础指标。

第二节 经济增长质量的测度

一、测度方法选择

多指标综合评价就是通过某种数学函数将多个评价指标值合成为一个整体性的综合评价值，能够用于合成的数学方法多种多样，大体可以分为四大类。第一类为专家评价方法，例如专家打分综合法；第二类为运筹学与其他数学方法，例如层次分析法、数据包络分析法、模糊综合评判法；第三类为新型评价方法，例如人工神经网络评价法、灰色综合评价法；第四类为混合方法，即几种方法混合使用。除第一类方法以外，其余均可称为模型综合法，通过建立综合指标与各个评价指标的函数关系进行综合评价。若按照赋权方式进行划分，则可分为主观赋权评价法、客观赋权评价法与主客观结合赋权评价法。虽然主观赋权评价法可以根据实际问题进行经验判断，但主观随意性较大，为避免此种情况发生，本书偏向选择客观赋权评价法，本书如主成分分析法、因子分析法、熵值法等。熵值法作为客观赋权法，比主观赋权法得到的指标权重更具有可信度与精确度，并且能够深刻反映出指标信息熵值的效用价值，但是缺乏各个指标之间的横向比较。因子分析法与主成分分析法都可以全面反映指标间的关系，利用"降维"的思想，采用较少的变量代替原来较多的变量。因子分析法偏重于成因分析，而主成分分析法偏重于信息贡献影响力评价，通过计算综合主成分函数得分，对客观经济现象进行科学评价。因此，对于经济增长质量这类问题的多指标测度或评价，多数学者采用主成分分析法。

需要注意的是，经典的主成分分析法仅仅针对由样本、指标构成的平面数据，并没有加入时间序列。全局主成分分析的方法可以弥补这一缺陷，把时序分析与主成分分析法相结合，即在经典主成分分析的基础上，以一个综合变量来取代原有的全局变量，再以此为基础描绘出系统的总体水平随时间变化的轨迹。全局主成分分析能够凭借建立时序立体数据表，在经典主成分分析基础上，对指标、时间、空间三维时序立体数据进行分析，解决了对每张数据表分别进行主成分分析时所产生的数据无法比较的问题。具体方法如下：

（一）构建时序立体数据表

如果对 n 个地区进行统计，均使用相同的 p 个经济指标 X_1，X_2，$X_3\cdots$，X_p 进行描述，则在 t 年度就能够建立一张数据表：$X_t = (X_{ij})_{n \times p}$，其中 n 为样本点数量，p 为变量数量。每年建立一张表，则 T 年就有 T 张数据表，这就是时序立体数据表。将 T 张数据表由上到下排在一起，构成 $Tn \times p$ 矩阵，把这个矩阵定义为全局数据表，记为：

$$X = (X^1, X^2, X^3\cdots, X^t)'_{Tn \times p} = (X_{ij})_{Tn \times p} \tag{5.6}$$

矩阵中的每一行为一个样本，总计 $T \times n$ 个样本。实际上，全局数据表将时序立体数据表按时间纵向展开，进而对全局数据表进行经典主成分分析。

（二）标准化数据

为消除量纲影响，将数据进行标准化转换，公式如下：

$$X'_{ij} = \frac{X_{ij} - \overline{X}_j}{\sigma_j} \tag{5.7}$$

其中，X_{ij} 为原指标值，$\overline{X}_j$ 为指标平均值，σ_j 为标准差，方便起见，标准化后的数据仍记为 X_{ij}。

（三）计算协方差矩阵

将全局数据表的重心定义为 g，公式如下：

$$g = (\overline{X}_1, \overline{X}_2, \overline{X}_3 \cdots, \overline{X}_p) = \sum_{t=1}^{T} \sum_{i=1}^{n} q_i^t e_i^t \quad (5.8)$$

其中，q_i^t 为 t 时刻样本点 e_i 的权重，并且满足：

$$\sum_{t=1}^{T} \sum_{i=1}^{n} q_i^t = 1, \sum_{i=1}^{n} q_i^t = \frac{1}{T} \quad (5.9)$$

显然，如果样本点 e_i 的权重不随时间变化，则全局重心为各个表重心的平均值。定义全局变量为：

$$X_j = (X_{1j}^1 \cdots X_{nj}^1 \cdots X_{1j}^2 \cdots X_{nj}^2 \cdots X_{1j}^T \cdots X_{nj}^T) \quad (5.10)$$

则全局方差为：

$$s_j^2 = Var(X_j) = \sum_{t=1}^{T} \sum_{i=1}^{n} q_i^t (X_{ij}^t - \overline{X}_j)^2 \quad (5.11)$$

全局协方差为：

$$s_{jk} = cov(X_j, X_k) = \sum_{t=1}^{T} \sum_{i=1}^{n} q_i^t (X_{ij}^t - \overline{X}_j)(X_{ij}^t - \overline{X}_k) \quad (5.12)$$

最终得到全局协方差矩阵：

$$V = (S_{jk})_{p \times p} = \sum_{t=1}^{T} \sum_{i=1}^{n} q_i^t (e_i^t - g)(e_i^t - g)' \quad (5.13)$$

（四）计算协方差矩阵的特征值与特征向量

求出协方差矩阵 V 的前 m 个特征值（$\lambda_1 \geq \lambda_2 \geq \lambda_3 \geq \cdots \geq \lambda_m$），以及对应的特征向量（$\mu_1, \mu_2, \mu_3 \cdots, \mu_m$）。由于特征向量为标准正交，因此也将 $\mu_1, \mu_2, \mu_3 \cdots, \mu_m$ 称为全局主轴。

（五）计算方差贡献率

由于 X 是标准化的，则第 h 个主成分为 $F_h = \mu_h' X$，计算主成分 F_1，$F_2 \cdots$，F_p 的方差贡献率以及累计方差贡献率：

$$a_k = \frac{\lambda_k}{\sum_{i=1}^{p} \lambda_i}, \quad a_1 + a_2 + a_3 + \cdots a_m = \frac{\sum_{i=1}^{m} \lambda_i}{\sum_{i=1}^{p} \lambda_i} \qquad (5.14)$$

选取前 m 个最大的特征值对应的主成分 F_1，F_2，$F_3 \cdots$，F_m，通常情况下，累计贡献率至少应达到 70% 以上。

（六）计算因子载荷矩阵

计算 X_j 与 F_j 的相关系数 r_{ij}，得出因子载荷矩阵 $A = (r_{ij})$，r_{ij} 代表第 i 个变量在第 j 个公因子 F_j 的负荷，因此可以解释主成分 F_j 主要涵盖了哪些变量的信息。

（七）计算指标的主成分

主成分的计算实际上就是构建主成分与原始自变量之间的方程，有两种方式。一是用因子载荷矩阵中第 i 列数值除以对应第 i 个特征值的开方，得到主成分系数，再用主成分系数乘以标准化的自变量 X；二是利用未旋转因子分析的得分系数乘以根号下的特征值，然后再乘以标准化的自变量 X，两种结果几乎一致，本章选择第一种计算方式。

（八）计算指标权重

$$W = \sum_{i=1}^{p} \frac{b_{mi} \times a_i}{\sum_{i=1}^{p} a_i} \qquad (5.15)$$

其中，b_{mi} 为第 i 个主成分中第 m 个基础指标的系数，即主成分系数，a_i 为方差贡献率。

（九）计算综合评价得分

$$F = \sum_{i=1}^{m} \frac{\lambda_i \times f_i}{q} \qquad (5.16)$$

其中，λ_i 是第 i 个主成分的特征值，f_i 是未经标准化的第 i 个主成分得分，q 为 m 个主成分特征值之和。

二、数据来源与说明

基于上述分析，经济增长质量具有丰富内涵，包括经济效率、结构、稳定性、持续性以及开放性五个维度，每个维度均需要多个指标进行测度，在考虑指标的科学性、有效性等基础上，数据的可获得性与完整性也十分重要。本书运用 2002～2018 年我国 30 个省份（由于西藏缺失的数据较多，港、澳、台地区统计的数据口径不一致，最终选取 30 个省份作为研究对象）的面板数据进行全局主成分分析，基础数据来源于历年《中国统计年鉴》《中国能源统计年鉴》《中国科技统计年鉴》以及各省、自治区、直辖市统计年鉴与统计公报，个别缺失值采用回归法进行补齐。其中，进出口总额和外商直接投资两个指标已利用人民币汇率（年平均价）进行换算；市场化指数来源于王小鲁等（2019）相关课题的研究成果，但 2008 年后统计数据略有调整，现已对 2002～2007 年的数据进行折算，使其具有可比性与连贯性；对于实际 GDP、固定资产投资等已剔除价格因素影响，调整为以 2002 年为基期的实际值。

因为测度经济增长质量的各个基础指标在属性上差异显著，存在正向指标、逆向指标与适度指标，其本身对经济增长质量的作用力并不趋同，甚至相反，若将这些作用力并不处于同方向指标直接加总，则不能得出真实且有效的综合得分，因此，需要将基础指标进行同趋势化处理。对于单位产出能耗、泰尔指数等逆向指标进行取倒数处理，使其与正向指标作用力方向相同。对于投资率与消费率这类适度指标，并非越大越好，也非越小越好，而是存在最优值或者适度区间。本书借鉴魏婕、任保平（2012）的做法，将投资率与消费率的最优值或适度值分别设置为 38%、60%[①]，则指标数据 = 1/(1 + |原始指标 − 适度值|)。

[①] 魏婕、任保平：《中国各地区经济增长质量指数的测度及其排序》，载《经济学动态》2012 年第 4 期。

本书基于数据的无量纲化与同趋势化处理,利用 SPSS 软件进行全局主成分分析:首先利用基础指标确定其在上一级指标中的权重,并合成相应的五个维度指数,其次利用五个维度指数再一次进行全局主成分析,得到分维度指数在总指数中的权重,最后得到经济增长质量的综合指数。

三、测度过程与结果

(一)各省份经济增长质量五个维度指数

1. KMO 与 Bartlett 球形度检验

全局主成分分析前需要对五个维度指标进行 KMO 与 Bartlett 球形度检验,通常情况下,KMO 值不小于 0.5,Bartlett 球形度检验 P 值小于 0.05,表明指标数据适合进行主成分分析。利用 SPSS 软件进行检验,结果显示经济增长质量的各个维度指标均通过检验(见表 5-2)。

表 5-2　　　　　KMO 与 Bartlett 球形度检验

维度	效率	结构	稳定性	持续性	开放性
KMO 值	0.707	0.744	0.500	0.625	0.500
P 值	0.000	0.000	0.001	0.000	0.000

2. 主成分特征值及方差贡献率

方差贡献率可以反映出提取的主成分能够解释总体的多少信息,结合特征值、累计方差贡献率与碎石图,提取主成分(见表 5-3),并计算出主成分系数与指标权重(已进行归一化处理)(见表 5-4)。

表 5-3　　　　　特征值及方差贡献率

维度	成分	特征值	方差贡献率(%)	累计方差贡献率(%)
效率	1	2.250	74.985	74.985
结构	1	4.471	44.714	44.714
	2	1.782	17.824	62.537

续表

维度	成分	特征值	方差贡献率（%）	累计方差贡献率（%）
结构	3	1.354	13.535	76.073
	4	0.900	8.998	85.071
稳定性	1	1.185	39.488	39.488
	2	1.000	33.320	72.808
持续性	1	2.139	71.310	71.310
	2	0.596	19.874	91.184
开放性	1	1.572	78.604	78.604

表 5-4 主成分系数与指标权重

维度		主成分系数				指标权重
		1	2	3	4	
效率	X_1	0.57	—	—	—	0.33
	X_2	0.56	—	—	—	0.32
	X_3	0.60	—	—	—	0.35
结构	X_4	0.40	-0.01	-0.09	0.31	0.13
	X_5	0.42	0.19	0.08	-0.12	0.15
	X_6	0.26	-0.28	0.51	-0.30	0.07
	X_7	0.16	-0.45	-0.06	0.58	0.02
	X_8	0.20	-0.44	0.48	-0.02	0.05
	X_9	0.18	0.56	0.24	-0.07	0.14
	X_{10}	0.42	-0.01	-0.29	0.02	0.10
	X_{11}	0.37	0.01	-0.40	0.04	0.08
	X_{12}	-0.01	0.40	0.43	0.65	0.12
	X_{13}	0.43	0.14	0.03	-0.21	0.14
稳定性	X_{14}	0.71	-0.01	—	—	0.31
	X_{15}	0.08	1.00	—	—	0.41
	X_{16}	0.70	-0.10	—	—	0.28

续表

维度		主成分系数				指标权重
		1	2	3	4	
持续性	X_{17}	0.57	-0.63	—	—	0.22
	X_{18}	0.54	0.77	—	—	0.43
	X_{19}	0.63	-0.09	—	—	0.35
开放性	X_{20}	0.71	—	—	—	0.5
	X_{21}	0.71	—	—	—	0.5

3. 分维度指数

由于全局主成分分析是对数据进行标准化后的分析，因此指数数值存在负数情况，为便于比较排名，在计算各省份分维度指数时进行指数转化，令 $K_1 = 60 + 7 \times K$，其中，K 为原始指数，K_1 为 0~100 分的指数，2002~2018 年各维度指数测度结果如表 5-5~表 5-9 所示（篇幅所限，数据均取整数）。

表 5-5　　　　　　2002~2018 年各省份经济增长效率指数

省份	2002年	2003年	2004年	2005年	2006年	2007年	2008年	2009年	2010年	2011年	2012年	2013年	2014年	2015年	2016年	2017年	2018年
北京	52	53	53	57	59	61	63	65	68	71	73	75	77	79	82	85	88
天津	51	53	54	57	59	61	64	66	69	73	76	79	81	84	88	90	91
河北	47	48	49	50	51	53	54	55	57	59	60	61	63	64	65	67	68
山西	45	46	46	48	48	50	51	51	53	54	55	56	56	57	57	59	60
内蒙古	45	46	47	49	51	53	55	58	60	62	64	65	68	70	71	72	73
辽宁	50	50	52	53	55	57	59	61	63	66	68	70	72	73	71	72	74
吉林	48	48	50	51	52	54	56	58	60	63	65	68	69	71	73	74	75
黑龙江	51	52	53	53	55	56	58	61	64	65	67	68	70	71	73	73	73
上海	57	58	60	62	64	65	67	69	72	74	76	75	78	80	83	86	89
江苏	52	53	54	55	57	60	63	66	69	71	74	77	80	83	87	90	

续表

省份	2002年	2003年	2004年	2005年	2006年	2007年	2008年	2009年	2010年	2011年	2012年	2013年	2014年	2015年	2016年	2017年	2018年
浙江	51	52	53	55	56	58	60	61	63	65	67	69	71	72	74	77	79
安徽	48	49	50	51	52	54	55	57	60	62	64	66	67	69	71	74	76
福建	54	55	57	56	58	60	62	64	67	70	72	75	77	80	83	87	90
江西	48	49	50	51	52	54	55	57	59	62	64	65	67	68	70	73	75
山东	49	50	51	52	54	55	57	59	61	63	65	68	70	72	74	76	79
河南	48	49	50	51	53	54	56	57	60	62	64	65	67	69	71	73	76
湖北	49	50	50	51	52	53	55	57	59	62	64	67	69	72	74	76	79
湖南	50	50	50	51	52	53	55	57	59	61	63	66	68	70	72	74	77
广东	52	53	54	57	58	60	62	64	66	68	70	73	75	77	80	82	85
广西	49	49	50	51	52	54	56	57	59	62	64	66	68	69	71	72	74
海南	51	51	52	53	54	55	57	58	60	62	63	65	66	67	69	70	71
重庆	48	48	50	51	52	53	55	58	60	63	65	67	70	72	75	78	80
四川	48	48	48	49	50	52	53	54	57	58	60	63	64	66	67	70	72
贵州	43	43	44	45	45	46	47	48	49	51	52	54	55	57	59	61	62
云南	47	47	48	48	49	50	51	53	55	57	59	60	62	63	65	67	
陕西	46	46	47	48	49	50	52	54	56	59	61	62	64	65	66	68	70
甘肃	45	46	46	47	48	49	50	50	52	53	54	55	56	57	58	59	60
青海	44	44	45	45	46	47	47	49	51	52	53	54	55	56	57		
宁夏	43	43	43	44	45	46	47	47	49	49	50	51	52	52	53	54	54
新疆	47	47	48	48	49	50	51	52	53	54	54	55	56	56	57	58	59

表5-6　　2002~2018年各省份经济增长结构指数

省份	2002年	2003年	2004年	2005年	2006年	2007年	2008年	2009年	2010年	2011年	2012年	2013年	2014年	2015年	2016年	2017年	2018年
北京	83	83	84	79	81	80	81	85	85	88	90	90	93	95	95	95	96
天津	66	65	64	63	62	62	60	62	63	63	64	68	68	69	71	70	71

续表

省份	2002年	2003年	2004年	2005年	2006年	2007年	2008年	2009年	2010年	2011年	2012年	2013年	2014年	2015年	2016年	2017年	2018年
河北	58	57	57	57	56	56	55	56	57	57	58	60	60	62	62	61	62
山西	57	56	55	53	53	52	52	53	53	53	54	56	57	59	60	59	59
内蒙古	59	55	53	52	51	51	50	50	50	50	51	52	53	54	55	58	57
辽宁	63	64	61	59	59	58	57	58	58	58	59	59	59	62	67	66	63
吉林	63	62	61	59	57	56	56	55	55	55	56	57	58	59	60	59	60
黑龙江	58	56	56	58	60	57	57	58	58	60	62	63	66	68	69	71	71
上海	69	69	68	69	70	69	77	80	89	90	89	81	92	95	88	91	93
江苏	60	58	58	58	58	59	59	60	60	61	62	64	64	66	67	66	67
浙江	62	61	61	61	62	62	63	65	67	69	69	71	71	72	73	73	74
安徽	60	59	59	58	57	58	58	58	57	57	57	59	60	61	61	61	61
福建	59	58	58	59	58	58	58	59	59	60	61	62	63	64	64	63	63
江西	65	62	62	60	59	59	59	58	59	60	61	61	62	63	63	63	63
山东	55	55	54	54	54	54	54	54	55	55	56	58	58	59	59	59	60
河南	57	56	55	54	53	53	52	53	54	54	54	56	57	58	58	58	59
湖北	57	58	57	58	57	57	57	56	56	55	56	57	58	59	60	60	60
湖南	59	59	62	62	59	58	57	57	56	56	56	56	57	58	58	58	58
广东	61	63	61	59	58	57	58	62	61	60	61	61	61	62	63	62	63
广西	58	58	59	59	56	55	55	54	52	53	53	55	55	56	56	59	59
海南	68	67	67	66	64	62	62	64	64	64	64	67	69	73	74	73	73
重庆	57	56	56	56	55	55	55	54	55	56	58	59	60	61	61	62	
四川	60	59	60	59	58	58	58	58	57	57	58	59	60	61	62	63	63
贵州	52	52	52	52	52	52	52	53	54	53	54	54	56	57	56	57	
云南	54	52	52	52	53	54	54	54	54	54	55	56	56	57	57	57	
陕西	55	55	55	53	52	52	51	52	52	53	52	54	54	55	55	55	55
甘肃	55	55	54	53	53	52	53	53	54	54	55	56	58	59	60	60	
青海	53	52	53	53	53	53	53	54	54	55	56	57	58	58	60	61	

续表

省份	2002年	2003年	2004年	2005年	2006年	2007年	2008年	2009年	2010年	2011年	2012年	2013年	2014年	2015年	2016年	2017年	2018年
宁夏	56	57	56	55	55	54	53	54	53	53	53	55	55	56	57	57	57
新疆	56	56	55	55	54	55	54	56	57	56	57	58	59	61	61	60	60

表5-7　　2002~2018年各省份经济增长稳定性指数

省份	2002年	2003年	2004年	2005年	2006年	2007年	2008年	2009年	2010年	2011年	2012年	2013年	2014年	2015年	2016年	2017年	2018年
北京	70	71	71	64	64	65	67	70	71	73	75	76	75	74	74	74	74
天津	57	57	57	58	58	57	57	57	57	57	58	58	60	60	61	71	71
河北	60	58	57	57	58	58	59	59	58	59	60	61	63	63	63	63	64
山西	59	59	59	60	60	58	59	61	64	59	58	60	62	67	74	68	63	64
内蒙古	59	56	55	55	56	56	56	56	57	57	59	60	62	62	62	69	65
辽宁	56	56	55	56	56	57	57	61	58	58	56	60	61	65	75	28	68	64
吉林	60	58	57	58	57	57	57	60	58	59	61	64	64	63	65	68
黑龙江	57	59	57	58	57	57	58	59	57	58	59	60	63	63	63	62	66
上海	58	59	57	58	57	57	59	58	58	61	63	61	62	62	62	62	63
江苏	57	57	57	58	58	59	59	59	59	60	61	61	62	62	63	64	64
浙江	57	57	57	57	58	58	60	61	60	61	63	62	63	63	64	64	65
安徽	59	59	57	57	58	57	57	57	58	58	59	61	62	62	63	63	63
福建	58	58	58	58	57	57	58	58	58	59	59	60	60	60	60	61	61
江西	62	58	58	59	59	57	58	58	60	61	61	61	61	61	61	61
山东	58	58	58	58	58	59	59	60	60	60	61	62	62	62	64
河南	63	60	58	58	58	59	59	59	59	61	62	62	63	63	64	63
湖北	59	59	58	57	57	57	57	56	57	57	59	60	61	63	65	64	64
湖南	59	59	57	58	57	57	57	56	57	57	58	59	59	60	60	61	62
广东	60	60	60	61	60	61	62	62	62	63	64	64	65	65	65	65	66
广西	59	60	58	57	57	57	58	57	57	59	59	60	62	63	64	67	67

续表

省份	2002年	2003年	2004年	2005年	2006年	2007年	2008年	2009年	2010年	2011年	2012年	2013年	2014年	2015年	2016年	2017年	2018年
海南	61	61	60	60	58	58	59	59	59	66	66	64	65	66	66	66	68
重庆	58	58	58	58	58	57	57	57	56	57	59	59	59	59	59	61	65
四川	57	58	57	57	57	57	58	57	57	57	58	59	60	60	61	60	62
贵州	59	59	58	58	58	57	58	58	58	57	59	59	60	60	60	61	61
云南	59	60	58	59	58	57	58	58	57	57	57	58	60	60	61	61	61
陕西	60	59	58	57	58	57	57	58	57	58	60	60	62	62	62	62	62
甘肃	56	60	59	59	59	59	60	60	59	61	63	65	66	66	74	66	
青海	58	58	58	58	58	58	59	57	58	59	60	61	62	62	63	64	
宁夏	58	57	58	58	57	57	57	58	57	57	58	59	61	61	61	62	
新疆	61	60	59	59	59	58	59	61	59	59	60	61	63	65	65	67	

表 5-8　　2002~2018 年各省份经济增长持续性指数

省份	2002年	2003年	2004年	2005年	2006年	2007年	2008年	2009年	2010年	2011年	2012年	2013年	2014年	2015年	2016年	2017年	2018年
北京	78	80	82	76	76	76	75	78	80	81	83	84	85	85	86	85	89
天津	58	59	60	61	63	64	64	64	66	67	71	72	72	73	73	72	75
河北	53	53	54	55	56	56	56	57	55	56	57	58	59	60	61	61	63
山西	51	51	53	52	53	54	55	55	56	56	57	57	57	57	58	58	59
内蒙古	50	50	51	52	53	53	53	54	53	54	55	55	55	55	55	55	55
辽宁	57	58	59	60	60	61	60	61	61	61	62	62	62	61	63	63	64
吉林	55	54	56	56	56	57	57	58	57	57	58	58	58	59	59	59	59
黑龙江	52	53	53	55	55	56	57	56	59	59	59	59	59	59	59	59	
上海	63	65	66	66	68	70	68	70	71	73	73	74	76	77	78	79	81
江苏	57	59	60	61	63	64	66	69	72	76	81	80	78	80	79	79	83
浙江	57	58	60	61	63	65	65	67	69	70	75	76	77	79	79	79	83
安徽	53	54	55	56	57	58	58	59	60	61	62	64	65	65	66	66	68

续表

省份	2002年	2003年	2004年	2005年	2006年	2007年	2008年	2009年	2010年	2011年	2012年	2013年	2014年	2015年	2016年	2017年	2018年
福建	56	57	58	59	59	60	59	60	60	61	63	64	65	67	68	69	72
江西	51	52	53	54	55	56	57	57	57	57	57	58	60	60	61	62	64
山东	55	56	58	59	60	61	62	63	64	65	67	68	68	70	70	71	71
河南	51	52	53	54	55	56	57	57	58	59	60	60	61	62	63	63	65
湖北	53	54	55	57	57	58	58	59	60	60	62	63	64	65	65	66	68
湖南	52	53	54	55	55	56	57	58	58	59	59	60	62	63	63	64	66
广东	60	61	62	62	63	65	64	66	69	70	72	74	76	80	81	85	92
广西	53	53	54	55	55	55	56	55	56	57	58	58	57	58	58	58	59
海南	50	50	51	51	52	53	52	52	53	53	55	55	56	54	55	55	55
重庆	54	55	57	57	58	58	58	59	60	60	62	62	63	64	66	67	68
四川	56	57	57	58	58	59	59	60	61	60	61	62	63	65	65	65	67
贵州	50	51	51	52	52	53	53	52	52	54	54	54	54	54	55	55	56
云南	50	51	51	53	53	54	53	54	54	55	55	54	55	55	55	56	56
陕西	60	60	60	59	58	59	59	60	59	59	60	62	63	64	65	65	66
甘肃	51	52	52	53	54	54	54	54	53	53	54	54	55	56	56	56	57
青海	49	50	51	51	52	52	50	51	50	50	51	51	50	51	51	52	52
宁夏	50	51	52	52	53	53	53	53	53	54	54	56	56	56	56	57	58
新疆	48	49	50	51	51	51	52	52	50	51	52	52	52	53	53	53	53

表 5-9 2002~2018 年各省份经济增长开放性指数

省份	2002年	2003年	2004年	2005年	2006年	2007年	2008年	2009年	2010年	2011年	2012年	2013年	2014年	2015年	2016年	2017年	2018年
北京	78	81	87	79	81	80	82	73	76	76	75	74	71	69	67	74	70
天津	99	76	82	83	83	83	81	77	77	76	75	75	74	75	64	65	60
河北	54	55	55	55	55	55	56	55	55	55	55	55	55	55	55	55	55
山西	54	53	52	53	53	56	54	52	53	54	54	54	54	54	54	53	53

续表

省份	2002年	2003年	2004年	2005年	2006年	2007年	2008年	2009年	2010年	2011年	2012年	2013年	2014年	2015年	2016年	2017年	2018年
内蒙古	58	58	58	59	59	59	57	56	56	55	55	55	54	53	54	54	54
辽宁	69	73	71	64	68	70	70	70	72	71	70	69	67	55	55	57	57
吉林	55	55	56	56	55	55	54	54	54	54	54	54	54	53	54	54	54
黑龙江	56	56	56	57	57	58	58	56	56	57	57	57	57	57	57	57	57
上海	83	87	90	86	85	84	83	77	79	79	79	78	77	75	73	72	72
江苏	77	85	77	77	79	79	75	71	71	69	68	66	63	61	61	61	60
浙江	64	68	70	70	70	69	66	64	64	63	63	63	62	62	62	62	62
安徽	53	54	54	54	56	60	59	58	58	59	60	60	61	61	61	61	61
福建	65	67	66	66	66	66	65	63	63	62	61	61	60	60	59	59	56
江西	60	62	63	63	63	62	61	60	61	60	60	60	61	61	61	61	61
山东	64	65	65	64	63	62	59	57	58	58	58	58	57	57	57	57	58
河南	52	52	53	53	54	55	55	55	55	57	58	58	58	58	58	58	57
湖北	57	57	58	58	58	57	56	56	56	55	55	55	56	56	56	56	56
湖南	56	57	56	57	57	58	58	57	57	57	56	56	56	57	57	57	58	58
广东	92	95	86	81	81	80	76	71	72	70	70	70	68	67	65	64	63
广西	55	55	53	53	53	54	54	54	53	53	53	53	54	53	54	53	53
海南	70	71	71	68	67	70	68	62	66	64	63	62	62	61	61	61	55
重庆	54	54	55	55	55	56	60	60	58	62	58	59	60	57	56	55	56
四川	54	53	53	54	54	54	56	56	57	59	58	58	57	56	55	55	56
贵州	51	52	52	52	52	52	52	51	52	52	52	52	52	52	52	52	51
云南	52	56	52	54	53	56	54	56	55	55	53	53	53	54	54	56	59
陕西	55	55	55	55	55	55	54	54	54	54	54	55	55	56	56	56
甘肃	52	52	52	52	52	53	52	52	52	52	51	52	51	51	51	51	51
青海	57	61	61	61	59	58	55	54	53	52	52	51	51	51	51	50	50
宁夏	53	53	55	54	53	53	53	52	52	52	52	52	52	52	52	53	52
新疆	52	53	53	54	54	54	55	54	53	54	54	53	53	52	52	52	52

(二) 各省份经济增长质量总指数

对于已经得到的分维度指数再一次进行全局主成分分析,得到经济增长质量总指数(见表5-10)。其中,五个维度指标权重分别为0.18、0.23、0.29、0.19和0.11。

表5-10　　　　2002~2018年各省份经济增长质量总指数

省份	2002年	2003年	2004年	2005年	2006年	2007年	2008年	2009年	2010年	2011年	2012年	2013年	2014年	2015年	2016年	2017年	2018年
北京	78	80	81	74	75	75	78	80	82	84	87	88	89	89	89	90	92
天津	63	60	61	62	63	63	63	63	64	65	67	69	71	72	72	78	78
河北	54	54	54	54	54	55	55	56	56	57	58	60	61	62	62	63	64
山西	53	53	53	53	53	53	55	53	54	56	57	61	66	63	60	60	60
内蒙古	54	51	50	51	52	52	52	52	53	54	55	57	58	59	60	65	62
辽宁	57	58	57	57	57	58	59	62	60	61	63	64	66	71	45	69	66
吉林	56	56	55	55	55	54	55	57	56	58	60	62	63	63	63	64	66
黑龙江	54	54	55	55	56	56	56	57	58	60	61	64	65	65	66	69	69
上海	64	67	66	67	67	67	71	72	75	77	79	75	80	81	79	81	83
江苏	58	60	59	60	60	62	63	63	65	67	69	70	70	72	72	73	75
浙江	57	58	59	60	61	62	63	64	65	67	70	71	71	72	73	74	76
安徽	55	55	54	55	55	56	57	57	57	58	59	62	63	64	65	66	67
福建	57	58	58	58	58	59	59	60	60	61	62	64	65	66	67	68	69
江西	59	56	56	57	57	57	57	57	58	59	60	61	62	63	64	64	65
山东	55	55	55	56	55	56	59	60	60	61	63	64	65	65	65	66	68
河南	56	54	53	53	54	54	55	56	56	57	59	61	61	63	63	64	65
湖北	54	55	55	55	55	55	56	56	56	57	58	60	62	64	66	66	67
湖南	55	55	55	55	55	55	55	56	56	57	59	60	61	62	63	64	64
广东	63	64	63	63	63	63	64	66	66	67	69	70	71	72	73	74	77
广西	54	55	54	54	54	54	54	54	55	57	58	59	60	61	62	65	65

续表

省份	2002年	2003年	2004年	2005年	2006年	2007年	2008年	2009年	2010年	2011年	2012年	2013年	2014年	2015年	2016年	2017年	2018年
海南	60	60	60	59	58	58	59	58	59	64	64	65	66	67	68	68	69
重庆	54	54	54	55	55	55	55	56	56	58	59	60	62	62	63	65	69
四川	54	55	55	55	55	56	56	56	57	58	60	61	62	63	63	65	
贵州	51	51	50	51	51	51	52	52	52	52	53	54	55	56	57	57	58
云南	52	53	51	53	52	53	54	54	54	54	55	57	57	58	59	60	
陕西	56	55	54	53	53	54	54	55	57	57	58	59	61	62	62	62	
甘肃	50	53	53	53	54	54	54	54	55	57	59	60	61	66	61		
青海	51	52	52	52	52	51	53	51	52	53	54	55	56	57	58	59	
宁夏	51	51	51	51	51	52	51	52	53	54	56	56	57	58			
新疆	53	53	52	53	53	53	55	54	55	55	56	59	60	60	61		

第三节 我国经济增长质量的动态变化

一、总体分析

表5-10表明，2002~2018年我国30个省份经济增长质量指数整体呈上升趋势，全国平均值由56上升到67，各省份的经济增长质量均有不同程度的提高。由五个维度权重可以看出，经济增长质量提升最主要的原因并不是经济效率，而是经济结构与经济稳定性。从横向上看，2002年以来，北京经济增长质量指数一直位居榜首，并且远远高于其他省份，上海排名第二，也与其他省份拉开一定距离，这说明北京、上海一直高质量领跑我国经济增长。广东、天津、浙江等省份相差不大，排名于上海之后。与其他省份不同，辽宁经济增长质量指数在2016年骤降，变成45，这与其经济不稳定密切相关。我国经济增长质量的改善，不能仅仅依托某几个省份，只有各个省份协同发力，互助进步，才

能真正实现高质量发展。为更好进行比较,按照国家统计局划分标准和多数文献惯常做法,把我国划分为东部、中部、西部三大区域(东部地区包括北京、天津、河北、辽宁、上海、江苏、浙江、福建、山东、广东和海南;中部地区包括山西、吉林、黑龙江、安徽、江西、河南、湖北和湖南;西部地区包括内蒙古、广西、重庆、四川、贵州、云南、陕西、甘肃、青海、宁夏和新疆)。从区域上来看,东部、中部与西部地区的变化趋势与全国一样,但经济增长质量指数呈东部、中部、西部递减,且东部地区远高于中西部地区,超过全国平均值(见图5-1)。东部、中部、西部地区经济增长质量指数在2002年分别为61、55和53,2018年分别为74、65和52,增长率达到22.31%、18.70%和17.22%,显然从增长速度上相比,东部地区仍然高于中部、西部地区。但从近五年数据来看,东部、中部、西部地区经济增长质量指数增长率分别为5.69%、5.72%和6.69%,中部和西部地区提质增速较快,特别是西部地区,经济增长质量提升幅度较大,这进一步说明了中部和西部地区经济增长质量改善潜力巨大,将会成为我国经济高质量发展的强力引擎。

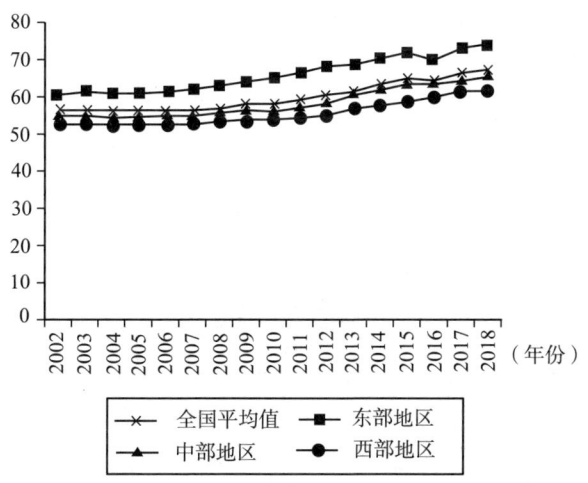

图5-1 全国以及东部、中部、西部地区经济增长质量指数

从纵向上来看，各省份经济增长质量指数有所提高。2002年，30个省份中经济增长质量指数达到60的仅有5个，而2018年增加到27个省份。从表5-11可以看出，北京、上海、天津和广东在2002年与2018年的经济增长质量指数稳居前4位，且排名位次没有丝毫变化，表明其经济增长基础牢固，提质增效常态长效。与2002年经济增长质量指数排名相比，2018年排名下降的共有12个省份，其中，东部省份仅有海南、辽宁和河北三省，其余均为中部和西部省份，可见，发展不平衡现象依旧存在。从指数差值来看，提升幅度最大的是浙江，经济增长质量指数上升了19，这也使其在2018年全国排名进入前5名。上海幅度提升排名第二，在原有经济增长质量基础较好的四省中，属于提质最快的省份。指数差值较大的省份还有重庆和黑龙江，这也使二者的排名从20名之后一跃跻身为前10名。黑龙江由于在权重较大的经济结构与稳定性两个维度得分相对较高，因此其经济增长质量指数增长较快，而提升重庆经济增长质量的却是经济效率、持续性与开放性。因此，各省份应根据自身发展条件因地制宜，找到适合本地的提升经济增长质量路径。

表5-11　　　　　各省份经济增长质量指数排名变化

省份	2002年排名	2018年排名	指数差值	幅度排名
北京	1	1	14	8
天津	3	3	15	4
河北	17	21	10	18
山西	25	26	7	27
内蒙古	21	23	9	21
辽宁	9	14	9	20
吉林	11	15	10	17
黑龙江	22	10	15	6
上海	2	2	19	2

续表

省份	2002年排名	2018年排名	指数差值	幅度排名
江苏	7	6	17	3
浙江	10	5	19	1
安徽	15	13	12	11
福建	8	7	12	12
江西	6	16	7	29
山东	14	11	13	10
河南	12	17	9	19
湖北	20	12	13	9
湖南	16	20	10	16
广东	4	4	14	7
广西	19	19	10	15
海南	5	8	8	22
重庆	23	9	15	5
四川	18	18	10	14
贵州	29	29	8	25
云南	26	27	8	24
陕西	13	22	7	28
甘肃	30	25	11	13
青海	28	28	7	26
宁夏	27	30	7	30
新疆	24	24	8	23

二、分维度分析

(一) 经济增长效率

经济增长效率指数与总指数相似，整体上呈上升趋势，区别在于，经济增长效率指数上升幅度更大，从2002年的49上升到2018年的74

(见图5-2)。劳动生产率、资本生产率与单位产出能耗对经济增长效率的影响不相上下,但单位产出能耗权重相对更大。这说明,追求经济增长效率不应仅注重要素生产率的提高,更应关注能源利用率。具体来看,2002~2012年,上海一枝独秀,经济增长效率指数远高于其他省份,但在2012年以后被天津反超;天津经济增长效率指数在2002年为51,排名第六,在经济基础较好省份的发展过程中,天津以更快速度前进,一跃成为第一,2018年指数增长到91,成为全国经济增长效率指数提升幅度最大的省份(见表5-5)。黑龙江虽然在总指数排名中有较大提高,经济增长效率指数也从2002年的51上升为2018年的73,但经济增长效率排名从第九名下降到第十八名,指数差值仅为22,排名第二十一(见表5-5)。从区域上来看,东部地区经济增长效率指数高于中部和西部地区,且有差距越来越大趋势,三大区域增长率分别为59.82%、52.50%和45.06%,但从图5-2可以看出,中部地区经济增长效率已基本达到全国平均水平。相较于2002年,2018年排名下降的省份有13个,其中,东部地区6个,中部地区2个,西部地区5个,可见在经济增长效率维度,即便是东部地区,其位次变化也较大。

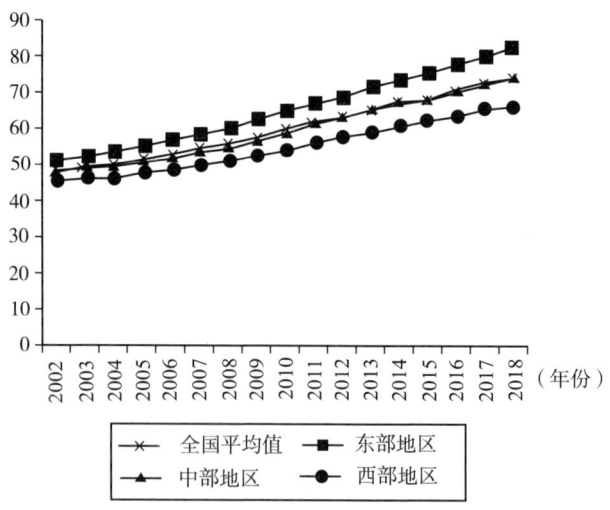

图5-2 全国以及东部、中部、西部地区经济增长效率指数

（二）经济增长结构

如图 5-3 所示，经济增长结构指数总体上呈先下降后上升的趋势，且上升速度逐渐放缓。从全国平均值来看，2002~2007 年，经济增长结构指数下降，2007 年后指数开始快速增长，直到 2015 年增速开始放缓。这说明我国在 2002~2007 年，追求 GDP 增速而忽视经济增长结构，2007 年后开始意识到其重要性，经济增长结构逐步优化升级，2017 年后开始进入稳定期。从经济增长结构内部指标来看，占比最大的是泰尔指数，可见产业结构是否合理化是决定经济增长结构优劣的关键（见表 5-4）。权重较大的指标还有第三产业与第二产业比值、城乡收入比、二元对比系数与二元反差指数，这些指标代表了产业结构、收入分配结构与城乡二元结构，表明解决经济增长结构问题，最主要的就是优化产业结构与处理好城乡差距（见表 5-4）。具体省份来看，如表 5-6 所示，2002~2018 年，北京一直位于首位，除 2010 年和 2011 年被上海反超。2002 年上海经济增长结构指数虽排名第二，但与北京差距较大，从 2007 年开始，上海经济增长结构指数飞速提升一度超越北京排名第一，2012 年后回落第二。相较于 2002 年，上海经济增长结构指数提升 24，是指数差值最大的省份。不可否认，北京与上海在经济增长结构方面明显优于其他省份。而辽宁和陕西指数没有丝毫明显提升，虽然 2002~2018 年期间指数有所波动，但 2018 年指数值又回到原点。2002 年陕西经济增长结构指数排名 26，2018 年下降到最后一名。与陕西不同，辽宁起步较高，在 2002 年经济增长结构指数排名第六，2018 年排名第九（见表 5-6），经济增长结构进一步改善效果不显著。湖南、江西、内蒙古以及吉林的指数不升反降，2018 年经济增长结构不及 2002 年。各省份无论经济增长结构如何，只有在原有条件下不断优化完善，才能有利于经济高质量发展。从区域上来看，东部地区优于中西部地区，在指数下降后立即回弹发展，而中部和西部地区则还有一定缓冲期，经历 2007~2011 年调整，2012 年开始较大力度优化经济增长结构（见图 5-3）。

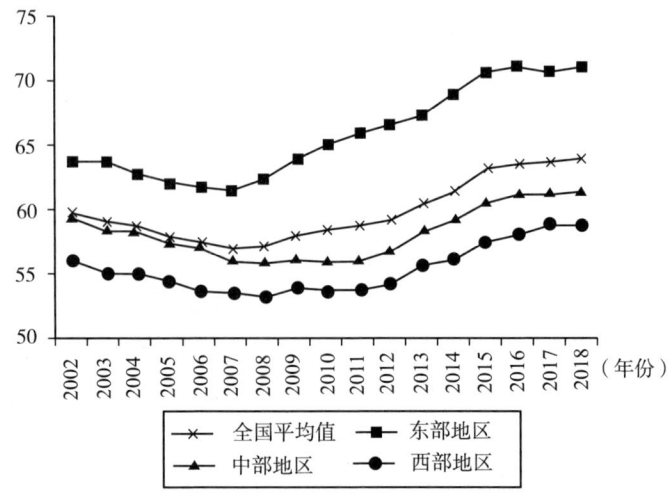

图 5-3　全国以及东部、中部、西部地区经济增长结构指数

(三) 经济增长稳定性

如图 5-4 所示,经济增长稳定性指数整体呈曲折上升趋势,2002~2007 年小幅下降,随后经济增长稳定性逐步增强,虽然 2009~2010 年指数有所下滑,但随后立即回升,直到 2016 年,经济增长稳定性减弱,呈现波动状态。与经济增长结构指数相似,2007 年以前过于追求某些指标上的完美,而忽视了经济增长质量,稳定性减弱。2007 年后,在发展经济过程中注重经济增长的稳定性。从内部来看,通货膨胀率而非经济波动率是影响经济增长稳定性最重要的因素。这就要求在稳定经济中,价格波动应密切关注。具体到省份,如表 5-7 所示,2002~2018 年北京经济增长稳定性最强,指数远高于其他省份,唯有在 2015 年被辽宁超越。但辽宁属于波动最大的省份,2015 年经济增长稳定性指数为 75,2016 年却骤降到 28,成为该年指数最低的省份。造成该现象的原因是 2016 年辽宁实际 GDP 增长率为 -2.5%[①],是所有省份中唯一一个增长率不升反降的省份,经济的巨大波动也导致该年东部地区经济增

---

① 资料来源于 2017 年《中国统计年鉴》。

长稳定性指数骤降。与经济增长效率和结构不同，上海在稳定性方面排名并没有靠前，2002 年上海排名 23，2018 年上海提升 2 名，排名 21。可见，即使经济发展较好的省份，也存在产出、价格与就业波动等问题。从区域上来看，东部地区经济增长稳定性相对较好，中部与西部地区差距逐渐缩小，2017 年西部地区经济增长稳定性指数超越东部地区，达到 64（见图 5-4）。

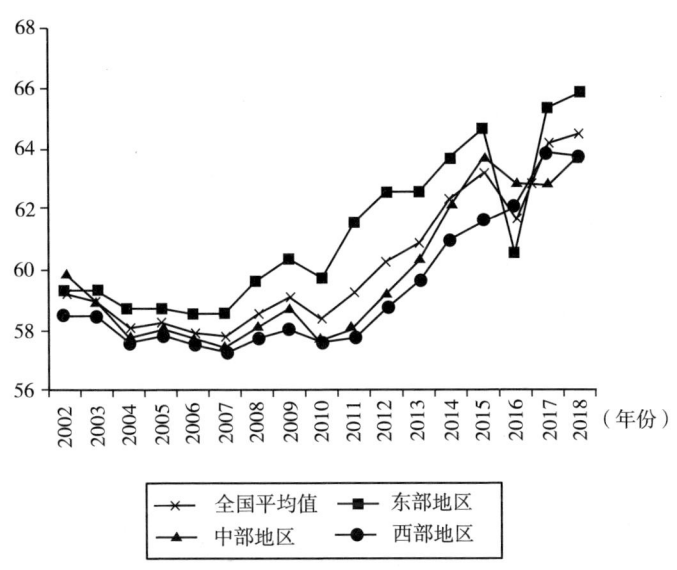

图 5-4　全国以及东部、中部、西部地区经济增长稳定性指数

（四）经济增长持续性

如图 5-5 所示，经济增长持续性指数整体上一直保持上升趋势，全国平均水平从 2002 年的 54 增长到 2018 年的 66，增长了 21.57%。各项基础指标占比分别为 0.22、0.43 和 0.35（见表 5-4），可见 R&D 投入强度是使经济持续增长的关键。如表 5-8 所示，北京在经济增长持续性方面表现依旧突出，2002 年以来其他省份与其具有一定差距。在 2018 年，广东首次超越北京，经济增长持续性指数达到 92。2002～

2018年北京该指数上升幅度不大,而广东却保持较大幅度增长,指数差值高达32,增长率为53.33%,成为增速最快的省份。浙江省发展速度也较快,2002年该指数仅有57,2018年上涨到83,排名第三,指数差值仅次于广州。从纵向上来看,各省份经济增长持续性指数差距具有越来越大的趋势,2002年除个别突出省份,其余省份指数相差不大,指数在50～60区间的省份有26个(北京和上海高于60,青海和新疆低于50);但经过十几年的发展,2018年指数差距拉开,50～60区间省份仅剩12个,其余省份均高于60,其中,60～70区间的省份有10个,70～80区间的省份有3个,80～90区间的省份有4个,90以上区间的省份有1个。这就说明,创新层面各省份发展极度不平衡,这将会对经济高质量发展产生不利影响。从区域上来看,东部地区表现最好,中部和西部地区原本经济增长持续性指数相当,但由于2004～2010年西部地区增长迟缓,甚至出现下降,导致二者差距逐渐增加(见图5-5)。2018年,东部地区指数增长速度加快,将会进一步加剧区域间的不协调不平衡性。

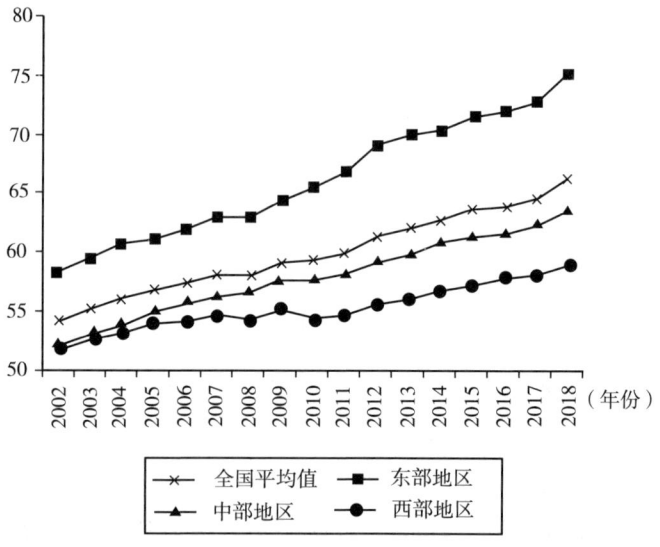

图5-5 全国以及东部、中部、西部地区经济增长持续性指数

(五) 经济增长开放性

如图5-6所示，经济增长开放性指数与其他指数不同，整体上呈下降趋势，全国平均值从62下降到57。2002~2007年，经济增长开放性指数相对平稳，在62左右微小波动，2008年后指数开始明显下降。由于我国于2001年12月11日正式加入世界贸易组织，2002年开始经济增长开放度增加，指数一直维持在60以上，2008年后受金融危机影响，开放性减弱，2010年后速度减弱放缓。经前面计算，进出口总额、外商直接投资占GDP的比重呈下降趋势，反映出我国的贸易依存度与外资依存度均减弱。如表5-9所示，2002年天津经济增长开放性指数为99，排名第一，而2018年骤降39，是指数差值绝对值最大的省份。指数下降值超过10的省份还有广东、江苏、海南、辽宁和上海，均为东部地区省份。从图5-6也可以看出，2002东部地区指数值极高，随后下降幅度也超过中部和西部地区。如表5-9所示，相比2002年，一些省份2018年经济增长开放性指数上升，例如安徽、云南、河南等，

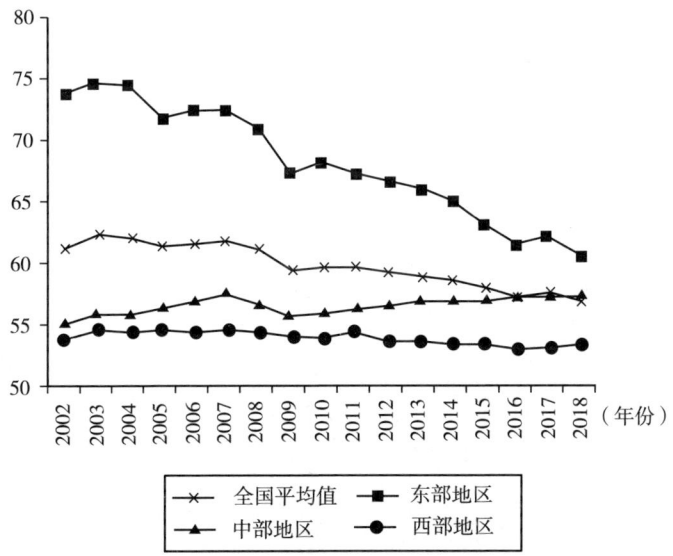

图5-6 全国以及东部、中部、西部地区经济增长开放性指数

这些省份多数属于中部和西部地区，其中上升幅度最大的省份多数属于中部地区。西部地区由于经济发展基础较差，开放度一直处于较低阶段，中部地区近几年依托进出口贸易与外商直接投资，开放度小幅提升，而东部地区由于开放度一直处于较高水平，贸易、投资受国际影响较大，加之逆全球化发展，开放性指数逐渐下降。可见，西部地区经济开放度基本保持不变，而中部地区却缓慢增加，结合东部地区大幅下降，三大区域该指数差距呈缩小趋势。

第六章

环境规制影响经济增长质量的实证检验

第一节 计量模型的选择与设定

基于第三章从不同维度分析了环境规制对经济增长质量的影响机理，本书在借鉴现有相关研究基础上，为检验环境规制对我国经济增长质量的影响，构建以下基础回归模型：

$$Quality_{it} = \alpha + \beta ER_{it} + X_{it} + \varepsilon_{it} \tag{6.1}$$

其中，下标 it 分别代表地区和年份，Quality 代表经济增长质量，ER 代表环境规制，X 代表一系列控制变量，包括资本密集度、人力资本、财政支出、企业规模、外商投资经济和技术引进，α 代表常数项，β 代表解释变量系数，ε 代表随机扰动项。

环境规制对经济增长质量的影响十分复杂，不仅从各个维度影响经济增长质量，在时间方面也有所差别。一些学者认为环境污染会伴随经济发展呈现先恶化后改善的趋势，二者存在倒"U"型动态关系，即环境库兹涅茨曲线（EKC）（祝志勇、幸汉龙，2017）。这从侧面也反映出环境规制与经济增长质量可能存在非线性关系，因此，将其加入环境规制的二次项。考虑到各地经济增长质量是渐进调整与连续动态的，惯性影响导致当前结果一定程度上取决于过去行为，本书将 Quality 的一阶滞后项作为解释变量，构建以下动态面板回归模型：

$$Quality_{it} = \alpha + \psi Quality_{i,t-1} + \beta_1 ER_{it} + \beta_2 ER_{it}^2 + X_{it} + \varepsilon_{it} \quad (6.2)$$

$$X_{it} = \lambda_1 K_{it} + \lambda_2 HC_{it} + \lambda_3 GOV_{it} + \lambda_4 S_{it} + \lambda_5 FIE_{it} + \lambda_6 TI_{it} \quad (6.3)$$

对于动态面板数据，即使是组内估计量（FE），也是不一致的（Nickell，1981），FE 不一致称为"动态面板偏差"。对此，阿雷亚诺和邦德（Arellano & Bond，1991）使用所有可能的滞后变量作为工具变量进行广义矩估计（Generalized Method of Moments，GMM），即"差分 GMM"。显然，工具变量个数超过了内生变量个数，易出现弱工具变量问题。同时，差分 GMM 在进行差分时不随时间变化的变量会被消掉，故无法对其系数进行估计。为解决这些问题，阿雷亚诺和博韦（Arellano & Bover，1995）重新回到了差分之前的水平方程，以差分变量作为工具变量对水平方程进行 GMM 估计，即"水平 GMM"。随后，布伦德尔和邦德（1998）将差分 GMM 与水平 GMM 相结合，将差分方程与水平方程作为一个方程系统进行 GMM 估计，即"系统 GMM"。与差分 GMM 相比，系统 GMM 能够提高估计的效率，并且能够估计不随时间变化变量的系数。基于此，本书选择系统 GMM 对动态面板式（6.2）进行回归估计。

第二节　指标选取与数据说明

一、指标选取

（一）被解释变量

被解释变量为经济增长质量（Quality），本书利用第五章测算的 30 个省份经济增长质量指数以及五个分维度指数来衡量。

(二) 核心解释变量

核心解释变量为环境规制 (ER), 当前, 环境规制的测度方式尚未统一, 不同学者采用不同的指标对环境规制进行量化。从内容上进行划分, 可归纳为以下几类:

(1) 环境规制政策, 包括政府环保检查次数 (张三峰、卜茂亮, 2011)、排污费征收情况 (原毅军、谢荣辉, 2016)、地方颁布的环境法规数量与环境规章数量 (李树、翁卫国, 2014)、地方受理环境行政处罚案件数量 (王书斌、徐盈之, 2015) 等。

(2) 环境规制收益, 包括 SO_2 去除率 (张华、魏晓平, 2014)、工业 SO_2 去除率、工业废水排放达标率、工业固体废弃物综合利用率 (李斌等, 2013) 等。

(3) 环境规制成本, 包括环境污染治理投资总额占 GDP 的比重 (陶爱萍、俞子燕, 2020)、工业环境污染投资总额占 GDP 的比重 (朱承亮等, 2011)、环保支出与财政支出之比、工业污染治理完成投资额占规模以上工业企业主营成本比重、工业污染治理完成投资额占工业总产值比重 (李斌、曹万林, 2017) 等。

(4) 污染物排放量, 包括人均化学需氧量排放量、人均 SO_2 排放量、人均工业烟尘排放量、人均工业固体废物排放量 (张红凤等, 2009)、工业三废的排放量 (李颖等, 2019) 等。若按照指标数量进行划分, 则上述指标可以划分为单一指标、复合指标与综合评价指标。一些学者认为单一指标具有局限性, 说服力欠佳, 选择比值一类的复合指标。还有一些学者利用单一指标或复合指标构建综合评价指标, 例如李斌、彭星和欧阳铭珂 (2013) 利用工业 SO_2 去除率、工业废水排放达标率和工业固体废弃物综合利用率, 通过标准化、计算权重等方式测算出单个指标的环境规制强度, 再进行加总得到最终环境规制的综合指标。鉴于我国的环境规制主要依托行政立法与命令, 通过环境规制干预或影响企业的环境行为, 由于第三类指标能够代表地区环境污染的控制与整治成本, 反映环境规制的强度, 本书借鉴陶爱萍和俞子燕 (2020)

的做法，利用环境污染治理投资总额占GDP的比重衡量环境规制，占比越高表明环境规制越严格。

（三）其他控制变量

由于经济增长质量还受到其他因素的影响，故设置以下六个控制变量：

1. 资本密集度（K）

资本密集度会对经济增长产生影响，资本密集度越高，风险越大，资本成本也越高，但更有利于产生较高的劳动生产率，也会缩小工薪差距。王怀民、焦军普和李凯杰（2014）认为资本密集度的增加会使高技术工人成本占总工资成本的比例下降，高技术工人相对成本降低，因此工薪差距缩小。但资本密集度过高却不利于企业的创新，人力资本对创新的影响更加突出，过多资本的投入可能会对创新活力造成负面影响（张颖、张婷，2020）。资本密集度可用存量法与流量法进行计算，本章采用存量法进行衡量，即各地区实际固定资产投资与该地区从业人数的比值。

2. 人力资本（HC）

人力资本是决定经济增长的重要因素，人力资本不仅具有要素功能，还具有效率功能。人力资本的投入能够提高自身及其他生产要素的生产效率，对于节约物质生产要素，构建可持续生产的发展模式具有重要意义。人力资本体现在劳动者具有经济价值的劳动与管理技能、知识与健康情况等各种质量因素的综合，其创造性与创新性对经济增长产生直接作用，也会通过改善劳动力与物质资本质量，对经济产生间接影响。可见，人力资本对经济增长具有显著的直接与间接效应（张文爱，2020）。提升人力资本是经济迈向高质量发展的关键，习近平总书记强调："要加快实施人才强国战略，确立人才引领发展的战略地位……"[①]新时代下，经济增长已由重速度转换为重质量，人口红利也应转化为人

---

① 习近平：《在全国组织工作会议上的讲话》，人民出版社2018年版。

才红利。基于此,本书加入人力资本这一控制变量,用各地区 R&D 人员全时当量与该地区从业人数的比值进行衡量。

3. 财政支出(GOV)

财政分权通过调节地方政府的行为而对经济增长产生影响,地区政府通常会运用经济、法律等各种方式对经济社会发展进行干预,这其中就包括了对环境的治理与保护。张建华和李先枝(2017)通过研究发现,为达到一定指标,地方政府可能会运用行政性环境规制方式强制要求企业进行污染治理,此种行为引发的资源扭曲阻碍了绿色生产率提高,不利于经济增长质量的提升。财政支出一定程度上反映了政府对经济社会的干预,但对经济发展也具有协调与稳定的作用。无论是在经济质量快速增长阶段还是适速增长阶段,财政支出都有利于经济增长质量的改善(刘金全、张龙,2019)。同时,财政支出的结构也会对经济增长产生质量效应,从"五大发展理念"层面来看,生产性、服务性与消费性财政支出对经济增长质量的影响具有显著差异(詹新宇、王素丽,2017)。可见,财政支出也是影响经济增长质量的重要因素,本书利用地方一般公共预算支出与 GDP 的比值进行衡量。

4. 企业规模(S)

企业的规模会对经济增长产生影响,当企业的规模扩大到一定程度后,可以极大增强企业的竞争力、抗风险力和承担亏损能力,同时横向一体化或纵向一体化所实现的规模效应,使采购、销售等各项费用减少,大大降低了平均成本,形成规模经济。但若规模过大,将会导致信息传递速度慢、信息失真、管理效率低下等弊端,产生规模不经济,不利于经济增长。李苏苏等(2020)通过研究发现,大型企业与中小型企业相比更有利于促进地区经济增长,缓解地区经济波动,因而地方政府更加偏爱大型企业。此外,大型企业通常人员素质较高、资金充足、管理能力强,而中小型企业相对较弱,在融资方面也没有优势。因此,本书将企业规模作为控制变量,用规模以上工业企业总产值与单位数之比来衡量。

5. 外商投资经济（FIE）

外商投资经济是指国外投资者依据我国相关法律，通过合资、合作或独资的形式，在大陆境内开办企业所形成的经济类型，包括中外合资经营企业、中外合作经营企业与外资企业。实践经验表明，外商投资经济有利于我国综合国力的提升，是国民经济的重要组成部分。外商投资经济的发展，不仅仅引进资金，促进经济增长与产业结构优化升级，还引进竞争机制，推动市场经济发展，国外先进的企业经营管理模式也为国内培养大批人才，促进了国内经营管理水平提高。但是，在一些合资企业中，中方权益得不到保障，致使国有资产损失。在某些外商投资重点领域，内资企业可能受到较大冲击，甚至发展空间极度缩小（陈慧琴，1998）。基于此，本书加入外商投资经济这一控制变量，用规模以上工业企业中外商投资经济总产值占比来衡量。

6. 技术引进（TI）

技术引进是指凭借国家之间的技术交流与转移，有计划、有选择、有重点地从国外取得先进技术的活动。技术引进能够增强引进国家或企业的制造与技术水平，有利于改善经济增长质量。其对于目前产业创新的绩效的影响甚至超过自主创新，表明国内高技术产业的技术水平远远落后于国外的先进技术，致使技术引进的手段在短期内更能凸显对绩效提升的作用（支燕、白雪洁，2012）。这是因为后发国家普遍创新能力较弱，首次技术创新的难度大于后续技术创新，通过直接引进他国先进技术，后发国家相对容易突破技术创新难题（杨丽君，2020）。但是，若对引进的技术消化吸收不足，不进一步开展自主研发，则会导致与技术先进国家的差距越来越大，对外技术依存度过高会也会造成自主创新缺乏，不利于经济增长质量的提高。借鉴上述学者做法，本书也从技术引进层面考察对经济增长质量的影响，用国外技术引进合同中的技术费与GDP之比来衡量。

二、数据来源与描述性统计

本章采用 2002~2018 年我国 30 个省份（与前面保持一致，剔除西藏与港、澳、台地区）的面板数据，分析环境规制对经济增长质量的影响。本章所有指标来源于历年《中国统计年鉴》《中国环境统计年鉴》《中国科技统计年鉴》《中国工业经济统计年鉴》《中国经济普查年鉴》，以及各省、自治区、直辖市统计年鉴与统计公报，缺失值采用回归法进行补齐。其中，国外技术引进合同中的技术费已利用人民币汇率（年平均价）进行换算；实际固定资产投资已利用固定资产投资价格指数剔除了价格因素的影响，调整为以 2002 年为基期的实际值。同时，为使数据更为平滑，对所有数据进行取对数处理，所有变量的描述性统计结果如表 6-1 所示。

表 6-1　　　　　　　变量的描述性统计分析

变量	含义	观测值	均值	标准差	最小值	最大值
Quality	经济增长质量总指数	510	4.0887	0.1174	3.8144	4.5186
	效率维度指数	510	4.0797	0.1699	3.7513	4.5141
	结构维度指数	510	4.0865	0.1207	3.9120	4.5607
	稳定性维度指数	510	4.0948	0.0665	3.3214	4.3268
	持续性维度指数	510	4.0860	0.1269	3.8785	4.5199
	开放性维度指数	510	4.0848	0.1348	3.9181	4.5938
ER	环境规制	510	0.1773	0.4594	-1.2069	1.4425
K	资本密集度	510	-0.3498	0.4930	-1.2313	1.0616
HC	人力资本	510	-1.4469	0.8680	-3.7199	0.7721
GOV	财政支出	510	2.9584	0.4132	2.0384	4.1381
S	企业规模	510	0.5900	0.6941	-1.1295	2.1036
FIE	外商投资经济	510	2.1250	1.0103	-1.1309	3.9883
TI	技术引进	510	-2.1410	1.5762	-7.1378	3.0371

第三节 实证检验

一、回归结果分析

表6-2显示了环境规制对经济增长质量及其分维度影响的回归结果,利用AR(2)统计值判断扰动项是否存在二阶自相关,利用Sargan检验判断工具变量是否过度识别,以检验回归结果的可靠性。显然,模型(1)~模型(6)均通过了扰动项自相关与过度识别检验。AR(2)统计值均超过0.05,表明扰动项不存在自相关,Sargan检验统计值也超过0.05,表明模型在5%的显著性水平上接受"所有工具变量都有效"的原假设,可见模型设定合理,工具变量有效。此外,经济增长质量指数及其分维度指数滞后项的回归系数在5%的统计水平上显著,说明使用动态面板模型是合理的。

表6-2　环境规制对经济增长质量影响的回归结果

变量	模型(1) 经济增长 质量总指数	模型(2) 效率维度 指数	模型(3) 结构维度 指数	模型(4) 稳定性 维度指数	模型(5) 持续性 维度指数	模型(6) 开放性 维度指数
L. Quality	0.6803*** (73.65)	0.9440*** (232.85)	0.9069*** (56.51)	0.0926** (2.29)	0.9819*** (68.13)	0.7696*** (37.11)
ER	-0.0134*** (-7.69)	-0.0030** (-2.17)	0.0013 (0.83)	-0.0169 (-1.34)	0.0042*** (3.77)	0.0116*** (6.26)
ER^2	-0.0150*** (-5.59)	0.0010 (0.79)	0.0033 (1.46)	0.0015 (0.08)	-0.0041*** (-5.27)	-0.0086*** (-4.18)
K	0.0343*** (4.16)	0.0061** (2.41)	0.0291*** (3.43)	0.0178 (1.05)	-0.0082*** (-3.31)	0.0315*** (6.86)

续表

变量	模型（1） 经济增长 质量总指数	模型（2） 效率维度 指数	模型（3） 结构维度 指数	模型（4） 稳定性 维度指数	模型（5） 持续性 维度指数	模型（6） 开放性 维度指数
HC	0.0215 *** (6.99)	0.0114 *** (11.33)	0.0159 *** (6.20)	0.0423 *** (2.74)	0.0149 *** (4.45)	-0.0016 (-0.69)
GOV	-0.0394 *** (-4.85)	0.0021 (0.61)	0.0483 *** (9.97)	-0.0464 (-1.64)	-0.0191 *** (-4.69)	-0.0371 *** (-6.59)
S	0.0359 *** (14.51)	0.0115 *** (10.09)	-0.0098 *** (-3.72)	0.0232 ** (2.06)	-0.0027 (-1.54)	0.0005 (0.25)
FIE	-0.0078 *** (-6.07)	0.0086 *** (4.70)	0.0013 (0.73)	-0.0449 *** (-3.34)	-0.0090 *** (-3.83)	0.0037 (1.44)
TI	-0.0007 (-0.80)	0.0004 ** (2.28)	-0.0011 ** (-2.58)	0.0001 (0.08)	-0.0004 (-0.57)	0.0011 * (1.75)
_cons	1.4740 *** (31.86)	0.2409 *** (11.86)	0.2741 *** (3.83)	4.0043 *** (14.03)	0.1807 ** (2.56)	1.0524 *** (12.03)
Sargan	0.674	0.493	0.975	0.598	0.515	0.592
AR（2）	0.632	0.199	0.530	0.535	0.588	0.966

注：*、**与***分别代表在10%、5%与1%水平上显著；括号中为z统计量。

表6-2模型（1）为我国环境规制对经济增长质量总体影响的回归结果，结果显示，环境规制的一次项系数为-0.0134，二次项系数为-0.0150，二者均在1%水平上显著，表明环境规制对经济增长质量的影响呈现倒"U"型。环境规制的加强有利于经济增长质量的改善，但是若规制过度则不利于经济增长质量的提升，这与孙英杰和林春（2018）的研究结果相似。由于环境规制从效率、结构、稳定性、持续性与开放性各个方面影响经济增长质量，既有"遵循成本说"，又有"创新补偿说"，消极影响与积极影响并存，因而环境规制的不同阶段对经济增长质量的影响存在差异，二者呈现倒"U"型的非线性关系。

分维度来看，模型（2）为环境规制对经济增长质量效率维度影响的回归结果，结果显示，环境规制对经济增长效率的影响在5%的水平上显著为负，回归系数为-0.0030，其二次项系数为0.0010，但不显著。这表明环境规制不利于经济增长效率的提升，虽然在效率层面环境规制有利于降低单位产出能耗，提高能源利用率，但成本效应使经济增长效率大幅下滑。模型（3）为环境规制对经济增长质量结构维度影响的回归结果，结果显示，环境规制的一次项、二次项系数为正，但均不显著，表明环境规制对经济增长结构不存在明显影响。经济增长质量的结构维度指数由产业结构、需求结构、收入分配结构、金融结构和城乡二元结构组成，虽然现有研究已证实环境规制对产业结构调整具有一定作用，对收入分配失衡具有一定影响，但整体上，环境规制对经济结构的影响较弱。模型（4）为环境规制对经济增长质量稳定性维度影响的回归结果，结果显示，环境规制的一次项系数与二次项系数都不显著，表明在经济增长稳定上，环境规制并无作用，其没有对产出、价格与就业的波动产生显著影响。模型（5）为环境规制对经济增长质量持续性维度影响的回归结果，结果显示，环境规制的一次项系数为0.0042，二次项系数为-0.0041，均在1%水平上显著，表明环境规制对经济增长持续性的影响呈现倒"U"型。当环境规制强度较弱时，环境规制有利于经济可持续增长，但若规制强度过大，则产生消极影响。经过计算，环境规制与经济增长持续性维度指数的倒"U"型曲线拐点为0.5122，前面计算的我国环境规制的均值为0.1773，环境规制显然位于拐点左侧，说明环境规制对经济增长的持续性具有积极影响。在环境规制下，企业为达到节能减排标准，通过加大研发投入，提高污染治理技术并创新生产方式；创新补偿效应有利于技术创新，提高经济增长的持续性能力。模型（6）为环境规制对经济增长质量开放性维度影响的回归结果，结果显示，环境规制的一次项系数为0.0116，二次项系数为-0.0086，均在1%水平上显著，表明环境规制对经济增长开放性的影响呈现倒"U"型。当环境规制强度较弱时，环境规制有利于经济开放，但若规制强度过大，则产生不利影响。经过计算，环境规制与经济增长开放性维度指数的倒"U"型曲线拐点为 0.6744，前面计算的我国环境规制的均值为 0.1773，环境规制显然位于拐点左侧，说明环境规制对经济增长的开放性具有积极影响。长期来看，环境规制的适度增强有助于提高污染密集型行业的出口竞争力，对出口贸易具有正面影响（傅京燕、赵春梅，2014）。以上五个维度指数的回归结果表明，环境规制对我国经济增长质量的影响主要体现在效率、持续性与开放性三个维度，在结构与稳定性方面，环境规制的影响并不显著。

此外，从模型（1）的控制变量来看，资本密集度的系数显著为正，说明资本密集度的提高显著促进经济增长质量的提升。固定资产投资是我国经济增长的重要驱动力量，特别是针对第三产业，是促进我国经济增长最直接与最有效的方式（丁志国等，2012）。人力资本的回归系数在 1% 的水平上显著为正，说明人才是经济社会发展的关键。劳动力数量的提高对经济增长的促进作用逐渐减弱，劳动力素质的作用正在凸显。同时，人力资本是地区经济差异的重要原因，造成了区域经济不平衡发展（张晓蓓、李子豪，2014）。因此，为促进经济增长质量的提升，较高质量的人力资本至关重要。财政支出的系数为 -0.0394，且通过显著性检验，表明财政支出不利于经济增长质量的改善，唯有弱化政府干预，才能实现经济高质量增长。企业规模的系数显著为正，表明规模经济能够对经济增长质量产生有利影响。外商投资经济的系数显著为负，说明其可能会对国内企业构成威胁，不利于经济增长质量的提高。技术引进的系数为负，但不显著，说明引进国外先进技术并未给经济增长质量带来显著影响。

从模型（2）~模型（6）可以看出，控制变量对经济增长各个维度的影响具有差异。资本密集度的提高对经济增长效率、结构与开放性产生积极影响，但却对持续性产生消极作用；人力资本对经济增长质量效率维度、结构维度、稳定性维度与持续性维度均有显著的促进作用；财政支出有利于经济增长的结构，但不利于经济增长的持续性与开放性；企业规模的扩大有助于提升经济效率，维持经济稳定，但无益于经济增长结构；外商投资经济能够促进经济增长效率提升，但会抑制经济增长的稳定性与持续性；技术引进对经济增长质量各维度的影响较弱，对经济增长效率与开放性产生一定积极作用，对经济增长的结构产生一定的消极作用。

二、稳健性检验

为保证上述回归结果的准确性与可靠性，本书运用两种方式进行稳健性检验。一种从计量方法出发，改变模型的估计方法，运用核心解释变量即环境规制的滞后项作为工具变量进行两阶段最小二乘法（Two Stage Least Square，2SLS）估计，以解决回归模型中可能存在的内生性问题。另一种从变量出发，替换核心解释变量，用其他变量来衡量环境规制，考察替换前后回归结果是否存在显著差异，以判断研究的稳健性。

（一）工具变量法

系统GMM的估计方法能够解决动态面板模型中滞后被解释变量的内生性问题，但是没有顾及解释变量的内生性（石华平、易敏利，2020）。环境规制对经济增长质量及其各个维度产生影响，反过来经济增长质量及其各个维度也会影响环境规制，这种被解释变量与核心解释变量之间的反向因果关系可能导致内生性问题。对此，本书用环境规制的滞后项作为工具变量，进行2SLS估计。第一阶段是分离出内生变量的外生部分，第二阶段使用此外生部分进行回归，结果如表6-3所示。

表6-3　　　　　　　　工具变量法稳健性检验

变量	模型（1）经济增长质量总指数	模型（2）效率维度指数	模型（3）结构维度指数	模型（4）稳定性维度指数	模型（5）持续性维度指数	模型（6）开放性维度指数
L. Quality	0.8456 *** (10.14)	0.9950 *** (160.24)	0.9688 *** (70.52)	0.3270 *** (7.40)	0.9832 *** (59.55)	0.9061 *** (56.27)

续表

变量	模型(1) 经济增长质量总指数	模型(2) 效率维度指数	模型(3) 结构维度指数	模型(4) 稳定性维度指数	模型(5) 持续性维度指数	模型(6) 开放性维度指数
ER	-0.0099* (-1.77)	-0.0052*** (-3.46)	-0.0020 (-0.55)	-0.0020 (-0.15)	0.0077** (2.22)	0.0084* (1.87)
ER^2	-0.0113** (-2.52)	0.0032* (1.80)	-0.0003 (-0.11)	0.0092 (0.78)	-0.0114*** (-2.68)	-0.0108** (-2.26)
K	-0.0020 (-0.49)	-0.0071*** (-5.64)	0.0018 (0.54)	-0.0022 (-0.25)	-0.0037 (-1.41)	-0.0003 (-0.08)
HC	0.0158** (2.41)	0.0057*** (4.84)	0.0069*** (4.14)	0.0172*** (2.96)	0.0064** (2.28)	0.0044* (1.74)
GOV	-0.0018 (-0.38)	-0.0025 (-1.54)	0.0094*** (3.18)	0.0044 (0.43)	-0.0079*** (-2.80)	-0.0006 (-0.14)
S	0.0167*** (3.68)	0.0035** (2.56)	0.0059*** (2.76)	0.0300*** (4.55)	0.0007 (0.36)	-0.0053* (-1.76)
FIE	0.0029 (0.63)	0.0023*** (3.40)	0.0024 (1.60)	-0.0005 (-0.12)	-0.0013 (-1.04)	-0.0001 (-0.02)
TI	0.0005 (0.29)	0.0006 (1.34)	-0.0011 (-1.11)	-0.0013 (-0.47)	0.0002 (0.28)	0.0019 (1.52)
_cons	0.6526* (1.96)	0.0542** (2.01)	0.1033* (1.84)	2.7436*** (15.16)	0.1138 (1.61)	0.3954*** (5.86)
R^2	0.9271	0.9969	0.9742	0.3691	0.9872	0.9649
LM	53.337***	57.626***	52.166***	141.345***	94.736***	114.235***
F值	80.003	149.139	152.907	201.494	119.416	149.698

注：*、**与***分别代表在10%、5%与1%水平上显著；括号中为z统计量。

在分析回归结果之前，对工具变量的有效性进行检验。通过 Kleibergen-Paap rk LM 统计量判断工具变量是否识别不足，表6-3显示 LM 统计量均在 1% 的显著水平上强烈拒绝"工具变量识别不足"的原假设;通过 Kleibergen – Paap rk Wald F 统计量判断是否存在弱工具变量,模型(1)~模型(6)的检验结果均拒绝"存在弱工具变量"的原假设,可见表 6-3 各列模型所选取的工具变量均有效。在表 6-3 中,模型(1)为我国环境规制对经济增长质量总体影响的回归结果,结果显示,使用工具变量后,环境规制的一次项系数与二次项系数均显著为负,表明环境规制对经济增长质量的倒"U"型影响是稳健的。模型(2)的回归结果显示,在 5% 显著水平上,环境规制的一次项系数为负。模型(3)~模型(4)的回归结果显示环境规制的一次项系数与二次项系数均不显著。模型(5)~模型(6)的回归结果显示环境规制的一次项系数显著为正,二次项系数显著为负,表明环境规制与经济增长质量的持续性与开放性均呈现倒"U"型关系。经过计算,倒"U"型曲线拐点分别为 0.3377、0.3889,前面计算的我国环境规制的均值为 0.1773,环境规制显然位于拐点左侧,说明环境规制对经济增长的持续性与开放性具有积极影响。这些结果与前面的回归结果基本保持一致,因此模型的回归结果具有良好的稳健性。

(二)替换变量法

本书采用曾贤刚(2010)对于环境规制的测度方式,用工业污染治理投资总额占 GDP 的比重进行衡量,以代替环境规制原有指标。表 6-4 的检验结果显示,AR(2)统计值与 Sargan 检验统计值均超过 0.05,表明模型在 5% 的显著性水平上通过了扰动项自相关与过度识别检验。因此,模型设定合理,工具变量有效。在表 6-4 中,模型(1)为我国环境规制对经济增长质量总体影响的回归结果,结果显示,替换核心解释变量后,环境规制的一次项系数与二次项系数均显著为负,再次验证了环境规制对经济增长质量具有倒"U"型影响。模型(2)的回归结果显示,环境规制的一次项系数显著为负,二次项系数并不显著,表明环境规制不利于经济增长效率的提升,与前文结果一致。模型(3)~模型(4)的回归结果显示环境规制的一次项系数与二次项系数均不显著,再次证明了环境规制对经济增长结构与稳定性不存在明显影响。模型(5)的回归结果显示环境规制的一次项系数为正,二次项系数为负,虽然二次项系数不显著,但环境规制有利于经济持续增长的结论与前文一致。模型(6)的回归结果显示环境规制的一次项系数显著为正,二次项系数显著为负,表明环境规制与经济增长质量开放性呈现倒"U"型关系。经过计算,倒"U"型曲线拐点为3.9286,前面计算的我国环境规制的均值为0.1773,环境规制显然位于拐点左侧,说明环境规制对经济增长的开放性具有积极影响。由此可见,这些结果与前面的回归结果基本趋于一致,模型的稳健性良好。

表6-4　　　　　　　　替换变量法稳健性检验

变量	模型(1) 经济增长质量总指数	模型(2) 效率维度指数	模型(3) 结构维度指数	模型(4) 稳定性维度指数	模型(5) 持续性维度指数	模型(6) 开放性维度指数
L. Quality	0.7611*** (43.41)	0.9513*** (231.92)	0.7925*** (34.53)	0.5435*** (14.46)	0.8027*** (59.01)	0.4194*** (16.62)
ER	-0.0092*** (-2.82)	-0.0022* (-1.91)	0.0060 (0.85)	-0.0030 (-0.42)	0.0041** (2.28)	0.0055*** (5.71)
ER^2	-0.0016** (-1.99)	-0.0002 (-0.53)	0.0006 (0.41)	-0.0001 (-0.08)	-0.0005 (-1.30)	-0.0007*** (-2.67)
K	-0.0203 (-1.53)	0.0459*** (14.34)	-0.0453*** (-3.13)	0.0006 (0.03)	-0.0129** (-2.12)	0.0246*** (2.65)
HC	0.0107** (2.37)	0.0170*** (11.93)	-0.0024 (-0.32)	-0.0017 (-0.23)	0.0121*** (3.71)	-0.0448*** (-14.57)
GOV	-0.0087 (-0.53)	-0.0129*** (-3.78)	0.0872*** (7.86)	-0.0662*** (-3.69)	0.0167** (2.08)	0.0029 (0.66)
S	0.0248*** (6.59)	0.0070*** (7.92)	-0.0032 (-1.26)	0.0361*** (6.47)	0.0010 (0.51)	0.0065* (1.90)

续表

变量	模型（1） 经济增长 质量总指数	模型（2） 效率维度 指数	模型（3） 结构维度 指数	模型（4） 稳定性 维度指数	模型（5） 持续性 维度指数	模型（6） 开放性 维度指数
FIE	-0.0267*** (-4.68)	0.0058*** (4.28)	-0.0090*** (-2.87)	-0.0493*** (-5.36)	-0.0162*** (-10.35)	0.0076*** (2.77)
TI	-0.0008 (-1.14)	0.0005** (3.56)	-0.0015** (-2.42)	-0.0011 (-1.24)	-0.0009* (-1.79)	0.0015*** (3.19)
_cons	1.0709*** (21.21)	0.2826*** (18.34)	0.6035*** (5.72)	2.1398*** (11.73)	0.8148*** (13.87)	2.2856*** (22.01)
Sargan	0.999	0.422	0.993	0.179	0.435	0.685
AR（2）	0.357	0.513	0.464	0.366	0.073	0.748

注：*、**与***分别代表在10%、5%与1%水平上显著；括号中为z统计量。

三、地区异质性检验

我国幅员辽阔，人口众多，地区经济发展水平存在差距，发展的不平衡不充分不单体现在经济领域，也存在于社会建设、生态文明建设等各领域，因此不同地区环境规制与经济增长质量的发展程度各异。为验证环境规制对经济增长质量及其各维度的影响是否存在地区异质性，下面分别以东部地区、中部地区与西部地区（划分方式与前面保持一致）建立动态面板数据回归模型，再一次进行回归。

（一）东部地区

表6-5模型（1）为我国东部地区环境规制对经济增长质量总体影响的回归结果，结果显示，环境规制的一次项系数为-0.0361，在10%显著性水平上为负，二次项系数为-0.0081，并不显著，表明环境规制的加强不利于东部地区经济增长质量的改善。这种负向影响的原因可能是，东部地区地理位置优越、资源丰富，经济起飞较早，因此产业结构相对合理，技术创新能力较强，经济高质量发展的基础雄厚。此

外，东部地区拥有较为完善的环境规制体系，环境标准较高，若进一步加大环境污染治理投资，增加环境规制强度，政策的束缚会扭曲资源配置，不利于经济增长质量的提高。

表 6-5　　　　　　　　　东部地区回归结果

变量	模型（1）经济增长质量总指数	模型（2）效率维度指数	模型（3）结构维度指数	模型（4）稳定性维度指数	模型（5）持续性维度指数	模型（6）开放性维度指数
L.Quality	0.5985*** (3.10)	0.7845*** (9.34)	0.9727*** (9.33)	0.8849** (2.34)	0.9259*** (7.93)	0.7902*** (7.28)
ER	-0.0361* (-1.72)	-0.0251** (-2.02)	-0.0112* (-1.84)	-0.0228 (-1.23)	0.0175*** (2.99)	0.1216* (1.72)
ER^2	-0.0081 (-0.70)	0.0056 (1.34)	0.0055 (1.00)	0.0144 (0.76)	-0.0091* (-1.79)	-0.1246 (-1.21)
K	0.0425 (1.41)	-0.0115 (-0.68)	0.1135* (1.94)	0.1811** (2.56)	-0.0178* (-1.74)	-1.1407 (-1.31)
HC	0.0228* (1.73)	0.0258** (2.16)	-0.0356* (-1.77)	-0.0703*** (-2.68)	-0.0850** (-2.02)	0.3614 (1.38)
GOV	0.0272* (1.80)	-0.0034 (-0.26)	-0.0437 (-1.51)	-0.3152** (-2.32)	0.0222* (1.89)	0.4448 (1.45)
S	0.0244* (1.84)	0.0271** (2.36)	0.0272* (1.84)	0.1378** (2.51)	-0.0261** (-2.47)	-0.2440* (-1.88)
FIE	-0.0176 (-1.46)	-0.0045 (-0.86)	-0.0226** (-2.04)	-0.1046* (-1.75)	0.0202*** (2.63)	0.1238** (2.09)
TI	0.0026 (0.72)	0.0007 (0.48)	-0.0046 (-1.58)	0.0347 (1.54)	-0.0041 (-1.44)	0.0468** (2.56)
_cons	1.6775** (2.03)	0.9532*** (2.73)	-0.0871 (-0.53)	0.5925 (0.64)	-3.2996** (-2.20)	-2.0001 (-0.43)
Sargan	0.865	0.344	0.405	0.854	0.998	0.396
AR（2）	0.293	0.643	0.214	0.370	0.157	0.088

注：*、**与***分别代表在10%、5%与1%水平上显著；括号中为z统计量。

分维度来看，模型（2）与模型（3）的回归结果显示环境规制的一次项系数显著为负，二次项系数不显著，表明环境规制对东部地区经济增长质量的效率与结构具有负向影响。在环境规制政策相对健全的条件下，持续加大环境规制的约束，必然会导致矫枉过正，降低经济增长效率，使经济增长结构失衡。模型（4）的回归结果显示环境规制的一次项系数与二次项系数均不显著，表明环境规制对东部地区经济增长的稳定性无显著影响。模型（5）的回归结果显示环境规制的一次项系数显著为正，二次项系数显著为负，表明东部地区与全国情况一样，环境规制对经济增长持续性的影响也呈现倒"U"型。环境规制对创新的作用具有阈值效应，即"波特假说"的存在具有条件限制，在环境规制初期或强度较弱的时候，环境规制要求企业治理污染，挤占原有利润，迫使企业提高创新效率，但随着规制实施时间的延续，当环境规制超过某一强度时，导致创新收益小于治理成本，反而对创新具有消极影响。经过计算，环境规制与经济增长持续性维度指数的倒"U"型曲线拐点为 0.9615，而我国东部地区环境规制的均值为 0.0938，环境规制显然位于拐点左侧，说明当前环境规制对东部地区经济增长的持续性具有正面影响。模型（6）的回归结果显示环境规制的一次项系数显著为正，二次项系数不显著，表明环境规制的持续加强有利于经济开放。

（二）中部地区

表 6-6 模型（1）为我国中部地区环境规制对经济增长质量总体影响的回归结果，结果显示，环境规制的一次项系数为 0.0186，二次项系数为 -0.0183，均在 1% 的水平上显著，表明中部地区环境规制对经济增长质量的影响呈现倒"U"型。经过计算，倒"U"型曲线拐点为 0.5082，而我国中部地区环境规制的均值为 0.0665，显然环境规制位于拐点左侧，表明当前环境规制的加强有利于中部地区经济增长质量的提高。中部地区作为重工业的核心区域，具有以原料工业和燃料动力为重心的重化工业主导型产业结构，往往集聚了许多污染型企业，其经济增长多数以高投入、高消耗、高污染的粗放型为主。这些企业通常创新匮

乏、设备落后、效益低下，导致许多制造业依旧位于价值链低端。凭借资源型产业发展经济，粗放型增长导致生态环境脆弱，污染问题严重，无益于可持续发展。环境规制的实施恰好能够淘汰不达标落后企业，倒逼企业转变发展方式，谋求技术创新，有利于提升企业竞争力，对经济增长质量产生正面影响。

表6-6 中部地区回归结果

变量	模型（1）经济增长质量总指数	模型（2）效率维度指数	模型（3）结构维度指数	模型（4）稳定性维度指数	模型（5）持续性维度指数	模型（6）开放性维度指数
L. Quality	0.9226 *** (18.37)	0.9670 *** (99.04)	0.5171 * (1.95)	0.9856 *** (90.20)	0.9596 *** (40.96)	0.9512 *** (35.89)
ER	0.0186 *** (2.84)	0.0039 (0.77)	-0.0342 (-1.46)	0.0079 (0.24)	0.0050 * (1.73)	0.0252 ** (1.99)
ER^2	-0.0183 *** (-2.69)	-0.0156 *** (-5.27)	-0.0214 (-1.10)	-0.0309 (-1.31)	0.0625 (1.53)	-0.0369 ** (-2.18)
K	-0.0102 (-1.17)	-0.0315 *** (-3.65)	-0.0097 (-0.97)	-0.4133 ** (-2.27)	-0.5706 ** (-2.15)	-0.5794 * (-1.90)
HC	0.0041 (0.50)	-0.0403 *** (-3.05)	-0.3563 * (-1.86)	0.1375 * (1.93)	0.1851 ** (2.21)	0.1603 * (1.76)
GOV	0.0969 (1.59)	0.0521 (0.43)	0.3976 * (1.72)	0.0297 (0.32)	-0.0259 (-0.22)	0.1535 (1.15)
S	0.0110 *** (3.06)	0.0583 *** (3.56)	0.1269 ** (2.01)	0.0325 *** (4.01)	0.0213 (1.49)	0.0375 * (1.90)
FIE	-0.0104 * (-1.93)	0.0217 *** (4.45)	0.0782 ** (2.06)	0.0198 ** (2.10)	0.0541 * (1.92)	0.0475 * (1.87)
TI	0.0034 ** (1.98)	-0.0005 (-0.87)	-0.0077 ** (-2.01)	0.0120 ** (2.25)	0.0079 ** (2.08)	0.0088 (1.32)

续表

变量	模型（1）经济增长质量总指数	模型（2）效率维度指数	模型（3）结构维度指数	模型（4）稳定性维度指数	模型（5）持续性维度指数	模型（6）开放性维度指数
_cons	-0.2346 (-1.25)	0.2247* (1.78)	0.1255* (1.66)	0.2133 (1.48)	0.1766** (2.42)	0.2892 (1.47)
Sargan	0.287	0.195	0.187	0.651	0.548	0.884
AR（2）	0.266	0.476	0.663	0.161	0.137	0.473

注：*、**与***分别代表在10%、5%与1%水平上显著；括号中为z统计量。

分维度来看，模型（2）的回归结果显示环境规制的一次项系数不显著，二次项系数显著为负，表明环境规制对中部地区经济增长效率具有倒"U"型影响。经过计算，环境规制与经济增长效率维度指数的倒"U"型曲线拐点为0，而我国中部地区环境规制的均值为0.0665，环境规制显然位于拐点右侧，说明当前环境规制对中部地区经济增长的效率具有负面影响。模型（3）和模型（4）的回归结果显示环境规制的一次项系数与二次项系数均不显著，表明环境规制对中部地区经济增长的结构与稳定性并不存在显著影响。模型（5）的回归结果显示环境规制的一次项系数显著为正，二次项系数不显著，表明环境规制有利于中部地区经济可持续增长。模型（6）的回归结果显示环境规制的一次项系数为正，二次项系数为负，均在5%的水平上显著，表明环境规制对经济增长开放性的影响呈现倒"U"型。经过计算，环境规制与经济增长开放性维度指数的倒"U"型曲线拐点为0.3145，而我国中部地区环境规制的均值为0.0665，环境规制显然位于拐点左侧，说明当前环境规制对中部地区经济增长的开放性具有正面影响。

（三）西部地区

表6-7模型（1）为我国西部地区环境规制对经济增长质量总体影响的回归结果，结果显示，环境规制的一次项系数为0.0895，在1%水

平上显著，二次项系数为 -0.0599，在 5% 的水平上显著，表明西部地区环境规制对经济增长质量的影响呈现倒"U"型。经过计算，倒"U"型曲线拐点为 0.7471，而我国西部地区环境规制的均值为 0.3413，环境规制显然位于拐点左侧，表明当前环境规制的加强有利于西部地区经济增长质量的提高。西部地区幅员辽阔，但资源匮乏，加之开发历史较晚，经济发展基础薄弱，与东部地区具有较大差距。由于西部地区要更大程度担负起东部地区产业转移的重任，一些地区为吸引被环境规制体系较为完善地区所淘汰的污染企业，放宽了相应环境标准，从而导致产业结构恶化。加强环境规制有利于增加企业污染的成本，激发企业创新动力与潜力，进一步改革开放，使企业的发展模式向高质量发展转型升级，提升西部地区经济增长质量。

表 6-7　　　　　　　　　西部地区回归结果

变量	模型（1）经济增长质量总指数	模型（2）效率维度指数	模型（3）结构维度指数	模型（4）稳定性维度指数	模型（5）持续性维度指数	模型（6）开放性维度指数
L. Quality	0.4868*** (3.77)	0.9497*** (28.20)	0.7604*** (6.30)	0.3396* (1.88)	0.7087*** (4.13)	0.9711*** (3.00)
ER	0.0895*** (2.61)	0.0061 (1.34)	-0.0079 (-0.61)	0.1513** (2.38)	-0.0206*** (-2.84)	-0.0064 (-0.69)
ER^2	-0.0599** (-2.51)	-0.0075* (-1.84)	0.0054 (0.51)	-0.1083** (-2.33)	0.0122** (2.35)	0.0164** (2.10)
K	-0.0175*** (-2.78)	-0.0082 (-1.34)	-0.0001 (-0.02)	0.0073 (0.54)	-0.0157** (-1.99)	0.0025 (0.20)
HC	0.0331*** (3.20)	0.0028 (0.63)	0.0059 (0.81)	0.0217*** (2.79)	0.0360* (1.85)	0.0062** (2.09)
GOV	0.0038 (0.53)	-0.0099*** (-2.62)	0.0155* (1.76)	0.0167** (2.09)	-0.0097 (-1.16)	-0.0490* (-1.95)

续表

变量	模型（1） 经济增长质量总指数	模型（2） 效率维度指数	模型（3） 结构维度指数	模型（4） 稳定性维度指数	模型（5） 持续性维度指数	模型（6） 开放性维度指数
S	0.0345 *** (3.68)	0.0155 *** (2.81)	0.0055 ** (2.43)	0.0244 *** (3.34)	0.0006 (0.15)	0.0061 (0.37)
FIE	0.0041 (1.06)	0.0044 *** (3.20)	0.0048 * (1.65)	−0.0022 (−0.56)	0.0016 (0.50)	−0.0040 ** (−2.19)
TI	−0.0018 (−1.01)	0.0004 (0.83)	−0.0022 ** (−2.08)	−0.0061 ** (−2.15)	0.0007 (0.36)	−0.0002 (−0.08)
_cons	2.0825 *** (3.94)	0.2410 * (1.78)	0.9087 * (1.90)	2.6733 *** (3.68)	1.2671 * (1.73)	0.3762 (0.30)
Sargan	0.124	0.389	0.141	0.123	0.859	0.110
AR（2）	0.216	0.919	0.382	0.174	0.807	0.343

注：*、** 与 *** 分别代表在10%、5%与1%水平上显著；括号中为 z 统计量。

分维度来看，模型（2）的回归结果显示环境规制的一次项系数不显著，二次项系数显著为负，表明环境规制对西部地区经济增长效率具有倒"U"型影响。经过计算，环境规制与经济增长效率维度指数的倒"U"型曲线拐点为0，而我国西部地区环境规制的均值为0.3413，环境规制显然位于拐点右侧，说明当前环境规制对西部地区经济增长的效率具有负面影响。模型（3）的回归结果显示环境规制的一次项系数与二次项系数均不显著，表明环境规制对西部地区经济增长的结构并不存在显著影响。模型（4）的回归结果显示环境规制的一次项系数显著为正，二次项系数显著为负，表明环境规制对西部地区经济增长稳定性具有倒"U"型影响。经过计算，环境规制与经济增长稳定性维度指数的倒"U"型曲线拐点为0.6985，而我国西部地区环境规制的均值为0.3413，环境规制显然位于拐点左侧，说明当前环境规制对西部地区经济增长的稳定性具有正面影响。这可能是因为西部地区相关环境标准相对较低，存在违规排污、采矿等不利于环境保护的行为，以谋取巨大利益。环境规制的加强有利于规范企业行为，增强经济增长的稳定性。模型（5）的回归结果显示环境规制的一次项系数显著为负，二次项系数显著为正，表明环境规制对西部地区经济增长的持续性具有"U"型影响。经过计算，环境规制与经济增长持续性维度指数的"U"型曲线拐点为 0.8443，而我国西部地区环境规制的均值为 0.3413，环境规制显然位于拐点左侧，说明当前环境规制对西部地区经济增长的持续性具有负面影响。这可能是因为环境规制较弱时，治污投入会挤占创新投资，对创新产生不利影响，但当环境规制进一步加强时，治污成本的上升使企业逐渐重视生产过程的改进，利用创新减少污染排放。西部地区由于受到软硬条件的限制，创新对环境规制的反应相对较慢。可见，环境规制对创新的影响具有时滞性，西部地区只要尽快突破"U"型曲线拐点，就可以过渡到环境规制促进经济持续增长的阶段。模型（6）的回归结果显示环境规制的一次项系数不显著，二次项系数显著为正，表明环境规制对西部地区经济增长的开放性具有"U"型影响。经过计算，环境规制与经济增长开放性维度指数的"U"型曲线拐点为 0，而我国西部地区环境规制的均值为 0.3413，环境规制显然位于拐点右侧，说明当前环境规制对西部地区经济增长的开放性具有正面影响。

第七章

结论与对策建议

第一节 研究结论

本书通过对环境规制影响经济增长质量相关文献的回顾与梳理，针对现有研究不足，结合环境规制理论，进行了环境规制对经济增长质量的影响研究。首先，界定经济增长质量的内涵，分析环境规制的动因与目标，并深入剖析环境规制对经济增长质量的影响机制。其次，梳理中国环境规制的历史演进，分析我国环境规制的主要特征与存在问题。再次，构建我国经济增长质量的指标体系，运用全局主成分分析法对全国30个省份2002~2018年经济增长质量及其各个维度进行测算，并基于此分析我国经济增长质量的动态变化。最后，利用我国2002~2018年30个省份面板数据，通过构建动态面板回归模型进行环境规制影响经济增长质量的实证检验。通过上述研究，得到以下结论。

第一，从理论上来看，环境规制对经济增长质量的影响错综复杂，正负效应并存。首先，界定经济增长质量的内涵，即与经济增长具有密切联系的经济方面的内容，包括经济增长的效率、结构、稳定性、持续性与开放性五个方面。其次，建立环境规制的供需均衡模型、社会福利最大化与财税目标最大化的最优规制政策模型，分析环境规制的动因与目标。结果表明,政府在进行环境规制时应实现社会公众利益与污染企业利益的均衡。而政府进行环境规制的目标主要有两个,即社会福利最大化与财税目标最大化。当追求前者时,存在即使地方政府都追求各地的社会福利最大化,却依然无法实现整个国家社会福利最大化的矛盾;当追求后者时,存在中央政府环境规制与地方政府环境规制的权衡问题。最后,从经济增长的效率、结构、稳定性、持续性与开放性五个维度分析环境规制对经济增长质量的影响机制。结果表明,环境规制对经济增长各个维度的影响均是利弊并存,具有不确定性。

第二,从实践上来看,我国环境规制具有三大特征,也存在诸多问题。首先,结合经济发展背景与环境规制立法与机构情况,将我国的环境规制划分为四个阶段,即改革开放初期环境规制逐步加强(1978~1991年)、市场经济体制确立后环境规制快速发展(1992~2001年)、21世纪以来环境规制不断完善(2002~2011年)与新常态下环境规制全面提升(2012年至今)。其次,结合经济体制、增长方式以及环境与经济关系的变化,总结出我国环境规制的三个主要特征,即环境规制的强度总体增加、理念逐渐转变与方式更加多元。最后,基于环境规制的历史演进与实践情况,总结出我国环境规制存在的五个问题,即多元目标存在冲突、规制方式存在非对称性、"一刀切"现象仍然存在、职能交叉与权责不清和环境风险防范有待加强。

第三,从经济增长质量指数来看,我国整体呈上升趋势,但存在区域差异,五个分维度指数动态变化也存在差异。首先,2002~2018年我国30个省份经济增长质量指数整体呈上升趋势。全国平均值由56上升到67,各省份的经济增长质量均有不同程度的提高。从区域上来看,经济增长质量指数呈东部、中部、西部递减。然而,近五年数据显示,中西部地区提质增速较快,特别是西部地区,表明中部和西部地区经济增长质量改善潜力巨大,将会成为我国经济高质量发展的强力引擎。其次,从五个维度来看,经济增长质量提升最主要的原因并不是经济效率,而是经济结构与经济稳定性。最后,五个维度指数动态变化差异显著,各省份应根据自身发展条件因地制宜,找到适合本地的提升经济增长质量路径。经济增长效率与持续性指数整体呈上升趋势，但三大区域持续性指数差距逐渐增加，将会进一步加剧区域间的不协调不平衡性。经济增长结构指数总体呈先下降后上升的趋势，且上升速度逐渐放缓，经济增长稳定性指数整体呈曲折上升趋势。经济增长开放性指数与其他指数不同，整体呈下降趋势，反映出我国的贸易依存度与外资依存度均减弱，三大区域该指数差距呈缩小趋势。

第四，从环境规制影响经济增长质量的实证检验来看，得到以下结论。总体而言，环境规制对经济增长质量的影响呈现倒"U"型。环境规制的加强有利于经济增长质量的改善，但是若规制过度则不利于经济增长质量的提升。由于环境规制从不同维度影响经济增长质量，正负效应并存，因而环境规制的不同阶段对经济增长质量的影响存在差异，二者呈现倒"U"型的非线性关系。分维度而言，环境规制主要影响我国经济增长的效率、持续性与开放性，而对于结构与稳定性的影响，则并不显著。环境规制对经济增长效率的影响显著为负，即环境规制不利于经济增长效率的提升。这可能因为即使环境规制在效率层面能够降低单位产出能耗、提高能源利用率，但成本效应使经济增长效率大幅下滑。环境规制对经济增长持续性与开放性的影响均呈现倒"U"型，当环境规制强度较弱时，环境规制有利于经济可持续增长与对外开放，但若规制强度过大，则产生消极影响。经过计算，环境规制位于拐点左侧，即环境规制对经济增长的持续性与开放性具有积极影响。企业为实现环境规制标准，通过提高研发投入改进治污技术与创新生产方式，创新补偿效应有利于技术创新，从而提高经济增长的持续性能力。此外，适度的环境规制也能够增强污染密集型行业的出口竞争力，有助于实现高水平对外开放。

分区域而言，环境规制对经济增长质量及其各维度的影响存在地区异质性。在东部地区，环境规制的加强不利于经济增长质量的改善。而在中部和西部地区，环境规制对经济增长质量的影响呈现倒"U"型。经过计算，环境规制位于拐点左侧，即当前环境规制的加强有利于中部和西部地区经济增长质量的提高。出现此种结果的原因在于东部地区在地理位置、资源、产业结构、技术等方面具有优势，经济高质量发展基础雄厚，加之其具有相对完善的环境规制体系与较高的环境标准，若一味增加环境规制强度，政策的束缚可能会造成资源配置扭曲，不利于经济增长质量的提高。而中部和西部地区由于经济发展基础相对薄弱，经济增长多以粗放型为主，特别是西部地区要更大程度承担东部地区产业转移的重任，导致生态环境脆弱，污染问题严重，无益于可持续发展。环境规制的实施恰好能够淘汰不达标落后企业，倒逼企业转变发展方式，激发创新动力与潜力，对经济增长质量产生正面影响。

具体来看，环境规制对东部地区经济增长质量的效率与结构具有负向影响；对经济增长的开放性具有正向影响；对经济增长的稳定性无显著影响；对经济增长持续性的影响呈现倒"U"型，现阶段对东部地区经济增长的持续性具有正向影响。环境规制对中部地区经济增长效率与开放性的影响呈倒"U"型，现阶段环境规制对中部地区经济增长的效率具有负向影响，而对经济增长的开放性具有正向影响；对经济增长的结构与稳定性并不存在显著影响；对经济增长的持续性具有正向影响。环境规制对西部地区经济增长效率与稳定性具有倒"U"型影响，现阶段对西部地区经济增长的效率具有负向影响，而对经济增长的稳定性具有正向影响；对经济增长的结构并不存在显著影响；对经济增长的持续性与开放性具有"U"型影响，现阶段对西部地区经济增长的持续性具有负向影响，而对经济增长的开放性具有正向影响。

第二节　对策建议

本书根据理论分析中环境规制可能存在的问题，基于我国环境规制的实践情况，并结合上述实证检验结果，提出以下几条对策建议。

一、破除环境规制困境,实现多元共治

环境规制的困境在于各个主体基于自身利益,产生各异的环境规制动机,由此造成环境规制的参与程度较低,加之规制目标的多元性易产生矛盾,最终造成环境规制有效性不足。多元共治的浅层含义是各个主体各司其职,共同进行环境规制。而深层含义更体现在各个主体相互配合与相互制约,唯有协作配合与制约制衡机制同时运行,才能构建政府、企业与公众共治共享的环境规制体系。为真正实现环境规制的多元共治,应根据各个主体自身特点、可能存在的问题以及彼此间的联系,在政策制定与执行阶段予以优化完善,利用相应激励与惩戒机制,充分调动各个主体积极性。

(一)中央政府

随着国家对生态环境保护越来越重视,根据党中央、国务院的决策部署,从 2019 年开始利用三年时间开展新一轮督察,再利用 2022 年一年的时间,对一些地方和部门开展"回头看"。在督察过程中,确实会推动各地解决一系列问题。但是,也存在督察一来迅速整改,随后又依然故我的情况。为避免"前期声势浩大,后期不了了之",中央督察工作就必须持之以恒,同时应使督察影响与效果更加长效化、常态化。对于已经发现的环境问题,防止"表面整改"与"敷衍整改",后续跟进与监督不可缺少。然而,中央政府受限于人员、资金等一系列客观因素,不能够对地方环境问题进行实时跟踪,这就需要构建环境保护督察社会化参与机制,使更多社会主体参与其中,延长督察工作链条,形成更加完善的制衡体系。此外,建立健全处罚机制,包括函告、通报、约谈、移交问责等措施,推动地方强化整改长效机制。

(二)地方政府

在环境规制中,地方政府所表现出的"唯 GDP 论"、地方保护主义

等与其发展观偏差不无关系。这种偏差表现为在经济与环境之间的选择上大幅度摇摆，若选择经济则完全不顾对环境造成的损害，若选择环境则易产生规制执行"一刀切"的极端行为（谢海波，2020）。因此，必须纠正地方政府发展观偏差，树立绿色低碳发展理念，促进经济社会发展全面绿色转型，建设人与自然和谐共生的现代化。建立健全环境规制主体的激励机制，提升环保政绩的地位与作用。将"绿色GDP"纳入地方政府及官员的政绩考核体系，使之形成有效的制度激励。实际上，推行"绿色GDP"能够激励政府在推动经济发展过程中减少对生态环境的破坏，但是这只是将单一目标演变为双重目标，形成的仅仅为同一主体双目标的"权衡关系"，而非多主体的"制衡关系"（钟茂初，2017）。与"绿色GDP"相比，更为有效的手段则是建立与经济发展部门相当的环境保护强势机构，使之成为有效的制约力量。此外，由于解决生态环境问题并非一朝一夕，而是一项复杂且长久的工程，可能某一届政府难以彻底治理某项环境问题，认为"无用功"不如不做。对此，可以建立环境规制的努力指数来衡量为生态环境所做的努力与贡献，并将其作为政绩考核的一项重要指标，以激发地方政府进行环境规制的动力与积极性。

（三）企业

企业作为环境规制的主要对象，针对其追求自身利益最大化的属性，应运用经济杠杆撬动治污减排积极性，强化企业污染源头治理。依据"谁污染防治水平高、谁享受环保政策多"的基本原则，推进"以治代控""以管代控"，将被动达到环保标准转变为主动节能减排，引导企业将更多精力投入生态效率提高。制定相关政策，通过减免税费、补贴等形式鼓励企业升级环保设备、创新技术，以正向的激励机制有效引导企业治污主动性。当企业认识到治污、节能、减排就相当于提高企业的经济效益时，环境保护与经济发展就真正融为一体。同时，树立行业标杆。依据环境信访、环境违法行为等情况，定期在各行业内树立治污减排完成较好的标杆企业，营造浓厚的比、学、赶、帮、超治污氛围。利用先进治污理念，引导企业达标甚至超低排放，促使产业转型升级。此外，定期对相关企业进行考核，并将结果通过网络等新媒体向社会公布。对于问题企业采取负向的激励机制，保持高压的打击态势，以约束企业行为。

（四）公众

虽然近些年人们对生态环境愈加关注，但是部分人群的经济利益价值导向明显，环境与社会责任感缺失。基于效用最大化原则，公众对环境问题的关注局限于这些问题是否给个人生活或健康带来不良影响，而不太关注个体的行为会对环境产生何种影响，或个人是否应该对保护环境担负责任，一些人甚至认为环境规制理所应当是政府的事情，与个人毫无关系。总体来看，公众的环境责任感普遍不高。因此，应进一步加大生态环境保护宣传力度，拓宽宣传渠道，调动社会各界人士关心与支持环境保护的热情，创造全民环境规制浓厚氛围。通过环保宣传进社区、进厂区、上街头等形式，向公众普及环境保护法律法规、低碳出行理念等，增强公众环保意识与节约意识，营造人人参与环境规制的良好风气。借助微信、微博等新型宣传模式，发布环境规制最新工作动态，便于公众及时了解最新信息。

二、创新环境规制方式，优化市场化与公众参与机制

目前，我国环境污染治理投资占 GDP 的比重还未超过 2%，而根据国际经验，比重达到 2%~3% 才能更好地支撑环境质量改善。因此，未来我国应该增加环境保护的资金投入，加强环境规制。但实证检验结果显示，若环境规制强度过大，则会对经济增长质量产生不利影响，尤其是效率维度，这就需要在环境规制的方式上进行创新与调整。

（一）市场激励型环境规制

为使市场激励型环境规制更好发挥作用，相关政策应进一步完善。

例如，对于环境保护费改税，应适当拓宽环保税的征收范围，进一步细化征税界限，强化以经济方式调控环境的力度。相关法律法规还存在一些新兴污染物并没有纳入其中、税收优惠政策不健全等问题，应结合实际情况，根据不同地区、不同领域、不同情形及时进行相应的修订或修正。做好顶层设计，出台并完善各项制度以及配套政策，才能使环境规制有章可循。此外，进一步推进生态环境保护市场化进程，将生态环境成本纳入经济运行成本。建立能够保障与推动绿色发展的市场信号体系，充分发挥价格引导作用。由于我国的排污权交易市场发展缓慢，因此应积极探索排污交易改革，并优化市场环境。正确区分政府与市场在环境保护中的责任边界，让企业成为排污权交易市场的真正主体。运用"互联网+"形式，创新环境规制方式。例如利用电子竞价实现排污权转让、租赁网上全流程办理，不但方便快捷，而且使竞拍过程更加公开公平。以排污权线上交易为突破口，构建数字化、智能化、融合化的新型环境权益交易体系。

（二）公众参与型环境规制

提高公众参与型环境规制比重，既需要增强公众参与能力与水平，也需要拓宽公众参与环境规制的渠道。

一方面，全方位开展生态环境宣传教育，增强公众参与环境规制的科学知识与素养。《全国城市生态保护与建设规划（2015－2020年）》提出，我国生态环境保护宣传教育普及率应达到80%以上。为实现或超额实现这一具体目标，应积极开展各类生态环境保护宣传教育活动。在活动中提高公众对于环境的认识与理解，增强公众参与环境规制的知识储备与谈判能力，使其拥有对于环境问题独立、理性的思考与判断。尤其要发挥学校教育作用，以中小学生态环境教育为突破口，使中小学生成为绿色社会的播种者，影响并带动千家万户投身于环境规制中。通过宣传教育活动，公众生活与消费方式的转变也会倒逼企业生产环境友好型产品，制约企业行为。此外，发展壮大生态环境领域志愿服务力量。建设环境规制志愿服务队伍，并给予一定资金支持，加大培育力度，使环保公益性组织更加规范化与专业化。创建流程化、可持续、易推广的志愿服务项目，动员全民参与美丽中国建设。

另一方面，维护公众知情权与参与权，增加公众参与环境规制的途径。生态环境的保护需要全民参与，特别是经济欠发达地区，其公众参与意识与能力相对较低，理应创造更多的机会让其参与环境规制。公众有权对关乎环境质量的重要规划、政策、建设项目等进行环境影响评价、参与环境规制。健全相关法律机制，以减少公众环保参与的机会成本、侵害成本等不确定风险，提高公众参与的组织化程度，便于使公众的环保意识转化为实际行动。将公众纳入环境行政公益诉讼的起诉主体范围，依托司法手段实现公众对政府的监督（谌杨，2020）。在目前环境诉讼达不到预期目标时，可以借助媒体等其他力量形成规制合力，信息公开与密集报道所产生的舆论压力可以制约政府行为，甚至能够反过来推动环境法制的建设与完善。若每个人都成为生态环境的规制者，敢于发挥监督作用，就能够让政府与企业破坏生态环境的行为无所遁形并付出应有代价，汇集全民的监督力量形成强大的社会震慑。

三、禁止"一刀切"政策，探索差异化规制

（一）差异化政策

由实证检验结果可知，环境规制对东部、中部、西部经济增长质量的影响具有差异，因此需要根据各区域实际情况制定与调整环境规制政策。东部地区由于经济发展较早，各方面实力较强，环境规制体系相对完善。若一味加大环境规制强度，会造成资源配置扭曲，对经济增长质量产生负面影响。东部地区市场经济相对发达，应优先考虑市场激励型环境规制，引导产业有序转移，对企业技术创新加大激励力度，释放环境规制的正向技术效应。环境规制对于中部和西部地区经济增长质量具有正面影响，应采取多种方式与手段加强环境规制。同时，需要考虑各地环境承载能力，严格控制高污染、高能耗的落后产业转移。"一刀

切"政策无法准确反映不同区域环境规制需求,应尽快转变。只有坚持因地制宜、分区分级实施差异化政策,才能使经济与环境协调发展。

除区域异质性外,环境规制对不同行业的影响不尽相同。对于清洁型行业来说,其本身对环境的污染较少,且在技术创新等方面对环境规制的反应更加灵敏与迅速,因而可以适当加强环境规制,特别是市场激励型规制方式。其不仅不会大幅增加企业的经营负担,而且能够通过环境规制激发企业进行技术创新,从而增强企业的市场竞争力。而对于污染密集型行业来说,其本身对环境的污染较大,且在技术创新等方面对环境规制的反应较迟缓与滞后,因而应从源头进行专项治理,更加注重用环保标准等命令控制型环境规制约束企业行为。同时,加大力度推进集中整治,增加突击检查频率并及时公开检查结果。环境规制政策的实施时间也应根据不同行业的特点合理选择,运用不同规制方式的优化组合影响企业环境治理行为。结合清洁型行业特点,政府应倾向于进行事中环境规制,通过命令控制型与市场激励型规制方式的有效结合引导清洁型行业进行环境治理,增强环境规制有效性。而对于污染密集型行业,政府应更加注重预防控制,通过制定适宜的环境准入标准等约束污染密集型行业的环境治理行为,实现源头治理。此外,应充分考虑企业产权、规模等因素的影响,即对国有企业与私营企业、大中企业与小企业等制定差异化环境规制实施细则。

(二) 差异化执行

为追求快速见效,某些地方政府遵循先干再说的原则,以一根标尺应对基层千差万别的实际情况,加之形式主义思维作祟,"一刀切"现象屡禁不止。为体现对上级部门的重视,一些地方政府将倡导性、引导性工作异化为强制性要求,造成政策的执行层层加码。地方政府由于对政策理解不到位,担心被问责,直接"一刀切"。表面上通过检查,但随后却经常反弹,原因在于"一刀切"的规制方式并没有对行业进行规范、引导,问题依旧存在,甚至伤害民生,引发公众、企业对政府的不满。因此,在执行环境政策时,政府应该因地制宜、因时制宜,坚持科学精准治污，特别是涉及民生的领域，更应该倾听群众意见，妥善处理、有序推进，进行差异化环境执法，破解"一刀切"问题。若企业相关手续齐全，环保达标，就尽可能不去打扰，更不能轻易停工停产；若企业手续齐全但尚未达到环保标准，应给予合理整改时间并积极协助，提供解决方案与相应指导，推动企业尽快复工复产；若企业无合法手续也达不到环保标准，应严肃整治。环境执法务必尊重事实，对症下药。面对环境执法，企业也应该具有承诺意识，在规定时间内解决问题。企业与政府应增进相互理解，共同完成环境治理任务。

实际上，国家已经出台《禁止环保"一刀切"工作意见》《关于进一步强化生态环境保护监管执法的意见》等相关文件，反对"一刀切"行为。对此，一些地方竟然开始进行移花接木。为应对检查，将相关企业一律关停，但对外却宣称企业停产检修、改造设备等，将地方政府的"一刀切"转化为企业的自我行为。发展模式的"惯性"与官僚体系的"惰性"使某些地方政府产生形式主义、官僚主义，因此必须强化政府官员担当精神，转变原有工作思路与方法，站在群众立场理解政策，并考虑执行的现实情况。在执行中克服急功近利与懒政思维，既要下猛药去沉疴，又要具有耐心，切中肯綮交错用力。真正避免此类问题的发生，还需要法治发力，做实做细监督首责，提升监督质效，加大"一刀切"问题查处力度，严肃问责绝不姑息。

四、明确环境责任，规范权力运行

（一）部门环境职责

为破解"九龙治水"、推诿扯皮等环境规制困局，首先，推进生态环境治理体系与治理能力现代化的首要任务就是准确梳理各个部门应该承担的责任。明确职责关系与责任边界，理顺部门间的工作权限，可编制动态调整权责清单，确保各个部门各项工作职责，形成制度约束。明确划分个人与集体、前任与现任、跨区域各层级政府间的责任，统筹工作细化落实。充分考虑不同部门在环境规制中的角色定位,依据具体环境问题精准定位责任承担的形式。在解决环境问题时,坚持问题导向,落实第一责任人的责任,确保工作能够扎实推进。其次,要切实强化环境规制中的责任意识。通过组织环境知识学习、讲座等普及并加深政府部门对环境保护的理解,明确环境执法的严肃性。建立科学的发展观,将绿色发展理念深植心间,充分认识到绿色是永续发展的必要条件,提高环境忧患意识与责任意识,为严格执行环境规制提供思想保障。再次,必须健全相应责任追究细则与惩罚机制。严格落实生态补偿与生态环境损害赔偿制度,实施生态环境损害责任终身追究制。部分地方政府仅追求短期政绩,竭泽而渔、饮鸩止渴,损害生态环境。但一些环境问题潜伏期较长,且十分隐蔽,可能在政府官员离任后才爆发。所以,终身追责有利于使地方政府牢固树立生态红线观念,以使试图透支未来生态环境为政绩加分的做法再也行不通。此外,进一步完善、细化责任追究启动实施程序,可以运用独立第三方的启动形式(褚添有,2020),使问责与惩罚机制能够对不履职、不当履职、违法履职的行为形成强大震慑力量,倒逼政府官员的责任意识。最后,权力运行的监督机制不可或缺。第一,加强内部监督。在环境规制部门内部建立强有力的执法监督约束机制,确定环境执法尺度与程序,运用责任书等形式落实各项任务。第二,加强司法监督。环境行政诉讼能够监督与促进环境规制部门依法执行环境相关政策,依托司法审查,规范行政行为。第三,加强社会监督。及时通过环境大数据平台等渠道发布环境规制工作进展,提高环境执法透明度,并广泛听取群众意见。引导并支持新闻媒体的监督,不但能够提高监督的时效性,而且可以推进全社会对环境问题的重视。此外,基层环境执法力量不足也造成一些环境政策落实不到位。为防止执法队伍出现"倒金字塔形"特点,应下移环境规制执法重心,使执法力量下沉。进一步充实一线队伍,并进行标准化、规范化建设。

(二) 中央、地方政府环境职责

由前文理论分析可知,即使各地地方政府环境规制的目标均为社会福利最大化，也依旧无法实现整个国家社会福利的最大化，这就需要地方政府从整体利益出发，进行环境规制的区域合作。探索并建立生态环境保护协商机制，为区域环境共治共建共享奠定基础。进一步完善区域环境规制合作协同机制，构建更加紧密的生态环境保护命运共同体、利益共同体与责任共同体。对于跨地区的生态环境问题，要打破行政分割束缚，加强区域污染源管理制度对接。开展跨区域联合环境执法行动，查处跨区域污染违法行为。建立跨区域环保机构，以增强此类问题的治理效率与协作力度。针对交界区域，实施环境污染联防联控联治，引领生态环境区域联动发展。必要情况下，中央政府可以进行介入与协调，发挥中央政府宏观调控职能，防止地方政府间恶性竞争，并推动其向横向合作方向发展。然而，若一味加强中央政府环境规制，将造成一定收益损失，且比地方政府加强规制所造成的损失更大。因此，在环境规制中，中央政府与地方政府的职责应合理划分。

五、提升风险预警能力，构建智慧化环境规制体系

（一）风险预警能力

环境规制的实施具有时机选择效应，包括事后治理与预先控制两种形式（见图7-1）。若选择事后治理，则环境规制的强度以及相关标准被事先设定，企业会根据设定的水平调整环境治理行为。当企业排放水平未达到上限时，会进一步扩大生产，即企业会达到最高而非最优排放水平。短期而言，此种选择会促进经济增长，但从长远角度来看，不断积累的污染将会对生态环境产生更加恶劣的影响，不利于经济增长质量的提高。同时，环境规制还可能陷入"突发环境问题—提高规制强度—问题影响减弱—放松环境规制—再一次发生环境问题"的不良循环。若选择预先控制，则会对企业整个生产流程进行规制，环境标准与规制强度会根据环境问题的具体情况而定。将生态环境损害降到最低，预先控制模式势必优于事后治理模式。因此，为防范突发事故、降低环境风

险，必须优化与完善环境监控与预警体系。

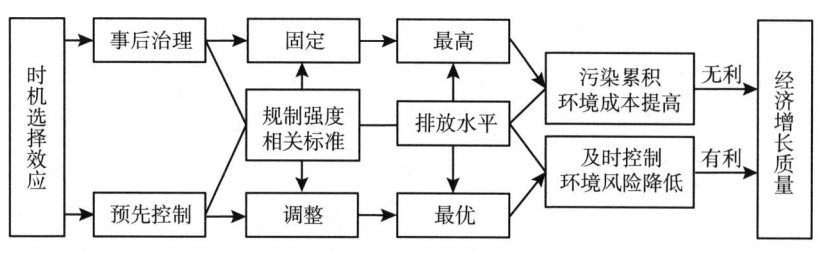

图 7-1　环境规制的时机选择效应

一方面，建立健全准确、及时且具有可比性的现代环境监测体系。积极应用高科技手段，实现环境数据实时监测并及时发布，一旦出现数据异常值，就要做到第一时间发现、第一时间处理。不断完善环境质量预报预警平台，增强预报技术能力，构建区域协同预警体系，为环境规制精细化提供技术支持。引进并研发先进监测仪器设备，规范化、标准化、统一化监测分析方法，使分析手段更加智能化、信息化。在加强硬件基础设施建设的基础上，注重高层次环境监测人员培养，依托培训、考核等方式持续提高人员监测技术能力与环境监测数据质量。利用信息化平台，深度融合环境监测与监管，监测为监管提供服务，监管为监测提供保障，助推环境预报预警更加精准化。另一方面，实现对环境风险的动态化管理。将环境监测系统、预警系统与应急管理系统有机结合，提高环境突发事件应急管理能力。确保各部门、上下级之间的信息互联、资源互通与工作互动，即使在事故状态下，也能够迅速准确研判，进行科学合理评估。制定行之有效的环境突发事件应急处理方案，规范各个部门在突发事件中的职责与工作程序，提高统筹协调能力。可以通过应急演练，提升突发环境事件的预警、响应与处置水平，增强政府部门间、政府与企业间联合处置突发事件的协同作战能力，将事件的危害控制在最低限度，防止环境问题转化为群体性事件，引发社会动荡。

（二）智慧化环境规制体系

运用大数据、云计算、人工智能、物联网、区块链、5G 等新兴技术，构建智慧化环境规制体系。全面整合数据资源，构建生态大数据。对各类数据有机整合，实现数据统一存储、集中管理，破解数据不统一、不规范难题。创建数据共享交换标准，打破"信息孤岛"，实现数据跨部门、跨层级、跨区域共享利用，以数据为纽带实现全国环境规制的大协同。依托丰富的生态数据资源进行深度挖掘，通过多维度分析对比，能够对环境状况进行全面的分析、评价与预测，为环境规制提供数据支撑。生态大数据离不开监测数据、收集数据、分析数据、利用数据等各个步骤，从而做到规制智慧化，可见智慧化与大数据密不可分。"智慧+环境规制"不但能够实时智能发现动态监管的重点区域和对象，并精准推演污染发生原因，还能够降低规制成本，让环境规制不再"跑断腿"。例如，将5G无人机+VR应用到生态环境保护中，若在树林中发生险情，传统解救需要1~2天，而5G无人机只需要1~2小时。智慧化不但体现于环境监测、预测等环节，更体现在环境规制的执行过程中。通过互联网平台，实现执法行为、环节、结果等全程网上留痕，强化对权力运行的监督。开展企业环保信用评价，并与金融监管等部门信息共享与联合惩戒，约束企业行为。可见，智慧化环境规制有助于推动规制主体更加多元、规制方式更加多样、规制时间贯穿全程，实现从"经验规制"向"智慧规制"转变。值得注意的是，大数据作为环境规制的工具，具有技术风险，所以应进一步完善相关法律法规，保障数据安全，明确数据权属。

参考文献

[1] 薄文广、崔博博、陈璐琳:《环境规制对工业企业选址的影响——基于微观已有企业和新建企业数据的比较分析》,载《南开经济研究》2019年第4期。

[2] 蔡乌赶、周小亮:《中国环境规制对绿色全要素生产率的双重效应》,载《经济学家》2017年第9期。

[3] 曹霞、冯莉:《生态环境管理体制改革背景下基层环境规制问题研究》,载《经济问题》2019年第3期。

[4] 钞小静、惠康:《中国经济增长质量的测度》,载《数量经济技术经济研究》2009年第6期。

[5] 钞小静、任保平:《中国经济增长质量的时序变化与地区差异分析》,载《经济研究》2011年第4期。

[6] 陈刚:《FDI竞争、环境规制与污染避难所——对中国式分权的反思》,载《世界经济研究》2009年第6期。

[7] 陈辉:《钟南山:灰霾每立方米增100微克 预期寿命短3年》,载《南方都市报》2014年3月7日。

[8] 陈慧琴:《外商投资经济与公有制经济实现形式》,载《中国工业经济》1998年第4期。

[9] 陈晓、张壮壮、李美玲:《环境规制、产业结构变迁与技术创新能力》,载《系统工程》2019年第3期。

[10] 陈玉龙、石慧:《环境规制如何影响工业经济发展质量?——基于中国2004~2013年省际面板数据的强波特假说检验》,载《公共行政评论》2017年第5期。

［11］谌杨：《论中国环境多元共治体系中的制衡逻辑》，载《中国人口·资源与环境》2020年第6期。

［12］褚添有：《地方政府生态环境治理失灵的体制性根源及其矫治》，载《社会科学》2020年第8期。

［13］崔亚飞、刘小川：《中国地方政府间环境污染治理策略的博弈分析——基于政府社会福利目标的视角》，载《理论与改革》2009年第6期。

［14］戴武堂：《论经济增长及其改善》，载《中南财经政法大学学报》2003年第1期。

［15］［美］道格拉斯·C.诺思：《制度、制度变迁与经济绩效》，杭行译，上海人民出版社2014年版。

［16］丁志国、赵宣凯、苏治：《中国经济增长的核心动力——基于资源配置效率的产业升级方向与路径选择》，载《中国工业经济》2012年第9期。

［17］董琨、白彬：《中国区域间产业转移的污染天堂效应检验》，载《中国人口·资源与环境》2015年第S2期。

［18］董文福、傅德黔、努丽亚：《我国环境污染治理投资的发展及存在问题》，载《中国环境监测》2008年第8期。

［19］杜栋、庞庆华、吴炎：《现代综合评价方法与案例精选》，清华大学出版社2015年版。

［20］［美］E·多马：《经济增长理论》，郭家麟译，商务印书馆1983年版。

［21］范洪敏：《环境规制对绿色全要素生产率影响研究——基于"两控区"政策考察》，辽宁大学2018年博士学位论文。

［22］范庆泉：《环境规制、收入分配失衡与政府补偿机制》，载《经济研究》2018年第5期。

［23］傅京燕：《我国对外贸易中污染产业转移的实证分析——以制造业为例》，载《财贸经济》2008年第5期。

［24］傅京燕、赵春梅：《环境规制会影响污染密集型行业出口贸

易吗？——基于中国面板数据和贸易引力模型的分析》，载《经济学家》2014年第2期。

[25] 傅帅雄、张可云、张文彬：《环境规制与中国工业区域布局的"污染天堂"效应》，载《山西财经大学学报》2011年第7期。

[26] 干春晖、郑若谷、余典范：《产业结构变迁对经济增长和波动的影响》，载《经济研究》2011年第5期。

[27] 高志刚、克尠：《中国沿边省区经济高质量发展水平比较研究》，载《经济纵横》2020年第2期。

[28] [美] N. 格里高利·曼昆：《宏观经济学》，卢远瞩译，中国人民大学出版社2015年版。

[29] 郭妍、张立光：《环境规制对全要素生产率的直接与间接效应》，载《管理学报》2015年第6期。

[30] 国家统计局：《2019年国民经济运行总体平稳，发展主要预期目标较好实现》，国家统计局网站，2020年1月17日。

[31] 郝锐、霍丽：《基于环境规制的城乡发展一体化研究》，《西北大学学报（哲学社会科学版）》2017年第5期。

[32] 何兴邦：《环境规制与城镇居民收入不平等——基于异质型规制工具的视角》，载《财经论丛》2019年第6期。

[33] 何兴邦：《环境规制与中国经济增长质量——基于省际面板数据的实证分析》，载《当代经济科学》2018年第2期。

[34] 洪银兴：《对新中国经济增长质量的系统评价》，载《福建论坛（人文社会科学版）》2010年第7期。

[35] 黄清煌、高明：《环境规制对经济增长的数量和质量效应——基于联立方程的检验》，载《经济学家》2016年第4期。

[36] 黄清煌、高明：《中国环境规制工具的节能减排效果研究》，载《科研管理》2016年第6期。

[37] 黄万华：《财政分权、政治晋升、环境规制失灵：一个政治经济学的分析框架》，载《理论导刊》2011年第4期。

[38] 霍伟东、李杰锋、陈若愚：《绿色发展与FDI环境效应——

从"污染天堂"到"污染光环"的数据实证》,载《财经科学》2019年第4期。

[39] 蒋伏心、王竹君、白俊红:《环境规制对技术创新影响的双重效应——基于江苏制造业动态面板数据的实证研究》,载《中国工业经济》2013年第7期。

[40] 金碚:《关于"高质量发展"的经济学研究》,载《中国工业经济》2018年第4期。

[41] [苏] B. D. 卡马耶夫:《经济增长的速度和质量》,陈华山、左东宫、何剑等译,湖北人民出版社1983年版。

[42] 赖明勇、张新、彭水军等:《经济增长的源泉:人力资本、研究开发与技术外溢》,载《中国社会科学》2005年第2期。

[43] 李斌、曹万林:《环境规制对我国循环经济绩效的影响研究——基于生态创新的视角》,载《中国软科学》2017年第6期。

[44] 李斌、彭星、欧阳铭珂:《环境规制、绿色全要素生产率与中国工业发展方式转变——基于36个工业行业数据的实证研究》,载《中国工业经济》2013年第4期。

[45] 李春米、毕超:《环境规制下的西部地区工业全要素生产率变动分析》,载《西安交通大学学报(社会科学版)》2012年第1期。

[46] 李国平、杨佩刚、宋文飞等:《环境规制、FDI与"污染避难所"效应——中国工业行业异质性视角的经验分析》,载《科学学与科学技术管理》2013年第10期。

[47] 李金凯、程立燕、张同斌:《外商直接投资是否具有"污染光环"效应?》,载《中国人口·资源与环境》2017年第10期。

[48] 李婧:《环境规制与企业技术创新效率研究》,载《中国经济问题》2013年第4期。

[49] 李俊霖:《经济增长质量的内涵与评价》,载《生产力研究》2007年第15期。

[50] 李俊霖、叶宗裕:《中国经济增长质量的综合评价》,载《税务与经济》2009年第4期。

［51］李廉水、徐瑞：《环境规制对中国制造业技术创新的影响研究》，载《河海大学学报（哲学社会科学版）》2016年第3期。

［52］李玲、陶锋：《中国制造业最优环境规制强度的选择——基于绿色全要素生产率的视角》，载《中国工业经济》2012年第5期。

［53］李梦欣、任保平：《新时代中国高质量发展的综合评价及其路径选择》，载《财经科学》2018年第5期。

［54］李平、慕绣如：《波特假说的滞后性和最优环境规制强度分析——基于系统GMM及门槛效果的检验》，载《产业经济研究》2013年第4期。

［55］李强：《环境规制与产业结构调整——基于Baumol模型的理论分析与实证研究》，载《经济评论》2013年第5期。

［56］李强、王焱：《环境规制与经济增长质量的U型关系：理论机理与实证检验》，载《江海学刊》2019年第4期。

［57］李胜兰、申晨、林沛娜：《环境规制与地区经济增长效应分析——基于中国省际面板数据的实证检验》，载《财经论丛》2014年第6期。

［58］李树、翁卫国：《我国地方环境管制与全要素生产率增长——基于地方立法和行政规章实际效率的实证分析》，载《财经研究》2014年第2期。

［59］李思慧、徐保昌：《环境规制与技术创新——来自中国地级市层面的经验证据》，载《现代经济探讨》2020年第11期。

［60］李卫兵、刘方文、王滨：《环境规制有助于提升绿色全要素生产率吗？——基于两控区政策的估计》，载《华中科技大学学报（社会科学版）》2019年第1期。

［61］李卫红、白杨：《环境规制能引发"创新补偿"效应吗？——基于"波特假说"的博弈分析》，载《审计与经济研究》2018年第6期。

［62］李晓青、郑小妮、刘金豪：《可持续供应链金融如何影响中小企业融资绩效——基于环境规制视角》，载《金融监管研究》2020年

第 3 期。

[63] 李苏苏、叶祥松、张少华:《基于增长与稳定视角的企业规模与地区经济关系研究》,载《经济理论与经济管理》2020 年第 2 期。

[64] 李毅、胡宗义、何冰洋:《环境规制影响绿色经济发展的机制与效应分析》,载《中国软科学》2020 年第 9 期。

[65] 李颖、徐小峰、郑越:《环境规制强度对中国工业全要素能源效率的影响——基于 2003~2016 年 30 省域面板数据的实证研究》,载《管理评论》2019 年第 12 期。

[66] 李子豪、刘辉煌:《外商直接投资的环境门槛效应研究——中国省级数据的检验》,载《管理评论》2013 年第 9 期。

[67] 梁洁、史安娜、马轶群:《环境规制与中国宏观经济——基于动态随机一般均衡模型的实证分析》,载《南京农业大学学报(社会科学版)》2014 年第 2 期。

[68] 梁劲锐:《中国环境规制对技术创新的影响研究——基于环境规制工具的视角》,西北大学 2019 年博士学位论文。

[69] 林虎、刘冲:《外商直接投资会影响东道主国的环境状况吗?——来自中国 1990~2006 年省级水平的证据》,载《生态经济》2012 年第 9 期。

[70] 林毅夫、孙希芳、姜烨:《经济发展中的最优金融结构理论初探》,载《经济研究》2009 年第 8 期。

[71] 刘瑞、郭涛:《高质量发展指数的构建及应用——兼评东北经济高质量发展》,载《东北大学学报(社会科学版)》2020 年第 1 期。

[72] 刘和旺、向昌勇、郑世林:《"波特假说"何以成立:来自中国的证据》,载《经济社会体制比较》2018 年第 1 期。

[73] 刘和旺、左文婷:《环境规制对我国省际绿色全要素生产率的影响》,载《统计与决策》2016 年第 9 期。

[74] 刘金全、张龙:《我国财政政策对经济增长质量的动态效应分析》,载《财经论丛》2019 年第 7 期。

[75] 刘明明:《改革开放 40 年中国环境执法的发展》,载《江淮

论坛》2018年第6期。

[76] 刘水林：《论政府规制的目标及实现方式》，载《兰州学刊》2016年第2期。

[77] 刘伟、薛景：《环境规制与技术创新：来自中国省际工业行业的经验证据》，载《宏观经济研究》2015年第10期。

[78] 龙小宁、万威：《环境规制、企业利润率与合规成本规模异质性》，载《中国工业经济》2017年第6期。

[79] 卢现祥：《论产权制度、要素市场与高质量发展》，载《经济纵横》2020年第1期。

[80] 鲁再平、许正中：《中国政府规制目标及效率分析》，载《江汉论坛》2003年第5期。

[81] 马富萍、茶娜：《环境规制对技术创新绩效的影响研究——制度环境的调节作用》，载《研究与发展管理》2012年第1期。

[82] 马建新、申世军：《中国经济增长质量问题的初步研究》，载《财经问题研究》2007年第3期。

[83] 马中东、陈莹：《环境规制约束下企业环境战略选择分析》，载《科技进步与对策》2010年第11期。

[84] 毛建辉：《政府行为、环境规制与区域技术创新——基于区域异质性和路径机制的分析》，载《山西财经大学学报》2019年第5期。

[85] [美] 丹尼尔·F. 史普博：《管制与市场》，余晖、何帆、钱家骏等译，上海人民出版社1999年版。

[86] 聂普焱、黄利：《环境规制对全要素能源生产率的影响是否存在产业异质性?》，载《产业经济研究》2013年第4期。

[87] 潘红波、饶晓琼：《〈环境保护法〉、制度环境与企业环境绩效》，载《山西财经大学学报》2019年第3期。

[88] 彭文斌、吴伟平、李志敏：《环境规制视角下污染产业转移的实证研究》，载《湖南科技大学学报（社会科学版）》2011年第3期。

[89] 秦琳贵、沈体雁：《地方政府竞争、环境规制与全要素生产率》，载《经济经纬》2020年第5期。

[90] 秦楠、刘李华、孙早:《环境规制对就业的影响研究——基于中国工业行业异质性的视角》,载《经济评论》2018年第1期。

[91] 任保平:《经济增长质量:理论阐释、基本命题与伦理原则》,载《学术月刊》2012年第2期。

[92] 任力、黄崇杰:《国内外环境规制对中国出口贸易的影响》,载《世界经济》2015年第5期。

[93] 任胜钢、胡兴、袁宝龙:《中国制造业环境规制对技术创新影响的阶段性差异与行业异质性研究》,载《科技进步与对策》2016年第12期。

[94] 任小静、屈小娥:《我国区域生态效率与环境规制工具的选择——基于省际面板数据实证分析》,载《大连理工大学学报(社会科学版)》2020年第1期。

[95] 任优生、任保全:《环境规制促进了战略性新兴产业技术创新了吗?——基于上市公司数据的分位数回归》,载《经济问题探索》2016年第1期。

[96] 单豪杰:《中国资本存量K的在估算:1952-2006年》,载《数量经济技术经济研究》2008年第10期。

[97] 师博、张冰瑶:《新时代、新动能、新经济——当前中国经济高质量发展解析》,载《上海经济研究》2018年第5期。

[98] 施美程、王勇:《环境规制差异、行业特征与就业动态》,载《南方经济》2016年第7期。

[99] 石大千、胡可、陈佳:《城市文明是否推动了企业高质量发展?——基于环境规制与交易成本视角》,载《产业经济研究》2019年第6期。

[100] 石华平、易敏利:《环境规制对高质量发展的影响及空间溢出效应研究》,载《经济问题探索》2020年第5期。

[101] 史青:《宽松的环境政策能吸引更多的外商直接投资吗——基于中国工业省级面板数据的分析》,载《山西财经大学学报》2012年第5期。

[102] 史青:《外商直接投资、环境规制与环境污染——基于政府廉洁度的视角》,载《财贸经济》2013年第1期。

[103] 世界银行环境局、K·哈密尔顿、J·迪克逊等:《里约后五年——环境政策的创新》,张庆丰、张世秋、严琛译,中国环境科学出版社1998年版。

[104] 宋国恺:《新时代高质量发展的社会学研究》,载《中国特色社会主义研究》2018年第5期。

[105] 宋瑛、张海涛、廖薏:《环境规制抑制了技术创新吗?——基于中国装备制造业的异质性检验》,载《西部论坛》2019年第5期。

[106] 随洪光:《外商直接投资与中国经济增长质量提升——基于省际动态面板模型的经验分析》,载《世界经济研究》2013年第7期。

[107] 孙钢:《我国开征环境税的难点及建议》,载《税务研究》2008年第8期。

[108] 孙英杰、林春:《试论环境规制与中国经济增长质量提升——基于环境库兹涅茨倒U型曲线》,载《上海经济研究》2018年第3期。

[109] 孙荪、姚丽、李杏等:《环境规制对FDI区位选择的影响研究——以江苏为例》,载《工业技术经济》2012年第3期。

[110] 孙学敏、王杰:《环境规制、引致性研发与企业全要素生产率——对"波特假说"的再检验》,载《西安交通大学学报(社会科学版)》2016年第2期。

[111] 汤金金、孙荣:《多制度环境下我国的环境治理困境:产生机理与治理策略》,载《西南大学学报(社会科学版)》2019年第2期。

[112] 陶爱萍、俞子燕:《环境规制、技能结构演进与技能溢价》,载《工业技术经济》2020年第1期。

[113] 陶群山、胡浩:《环境规制和农业科技进步的关系分析——基于波特假说的研究》,载《中国人口·资源与环境》2011年第12期。

[114] 童纪新、王青青:《中国重点城市群的雾霾污染、环境规制与经济高质量》,载《管理现代化》2018年第6期。

[115] 涂正革、周涛、谌仁俊等:《环境规制改革与经济高质量发

展——基于工业排污收费标准调整的证据》，载《经济与管理研究》2019年第12期。

［116］万光彩、陶云凯、叶龙生：《环境规制、产业转型与安徽经济高质量发展》，载《华东经济管理》2019年第11期。

［117］万建香：《基于环境政策规制绩效的波特假说验证——以江西省重点调查产业为例》，载《经济经纬》2013年第1期。

［118］王兵、杨欣怡：《中国工业行业全要素生产率分析（1981-2015）：波特假说的验证》，载《产经评论》2019年第6期。

［119］王动、王国印：《环境规制对企业技术创新影响的实证研究——基于波特假说的区域比较分析》，载《中国经济问题》2011年第1期。

［120］王国印、王动：《环境规制与企业科技创新——低碳视角下波特假说在东部地区的检验性研究》，载《科技与经济》2010年第5期。

［121］王红梅：《中国环境规制政策工具的比较与选择——基于贝叶斯模型平均（BMA）方法的实证研究》，载《中国人口·资源与环境》2016年第9期。

［122］王怀民、焦军普、李凯杰：《加工贸易、资本密集度与工薪差距——基于中国加工贸易活动的研究》，载《世界经济研究》2014年第3期。

［123］王积业：《关于提高经济增长质量的宏观思考》，载《宏观经济研究》2000年第1期。

［124］王杰、刘斌：《环境规制与企业全要素生产率——基于中国工业企业数据的经验分析》，载《中国工业经济》2014年第3期。

［125］王君磊、王兆凯、杨晓明：《基于层次分析法的经济增长质量评价模型》，载《统计与决策》2007年第12期。

［126］王俊、徐明、梁洋华：《FTA环境保护条款会制约污染产品进出口贸易吗——基于产品层面数据的实证研》，载《国际经贸探索》2020年第9期。

[127] 王奇、蔡昕妤：《环境规制对不同来源地 FDI 区位选择的影响——基于省级面板数据的研究》，载《财经论丛》2017 年第 2 期。

[128] 王群勇、陆凤芝：《环境规制能否助推中国经济高质量发展？——基于省际面板数据的实证检验》，载《郑州大学学报（哲学社会科学版）》2018 年第 6 期。

[129] 王书斌、徐盈之：《环境规制与雾霾脱钩效应——基于企业投资偏好的视角》，载《中国工业经济》2015 年第 4 期。

[130] 王小鲁、樊纲、胡李鹏：《中国分省份市场化指数报告》，社会科学文献出版社 2019 年版。

[131] 王小宁、周晓唯：《西部地区环境规制与技术创新——基于环境规制工具视角的分析》，载《技术经济与管理研究》2014 年第 5 期。

[132] 魏楚、黄磊、沈满洪：《鱼与熊掌可兼得么？——对我国环境管制波特假说的检验》，载《世界经济文汇》2015 年第 1 期。

[133] 魏婕、任保平：《中国各地区经济增长质量指数的测度及其排序》，载《经济学动态》2012 年第 4 期。

[134] 魏敏、李书昊：《新常态下中国经济增长质量的评价体系构建与测度》，载《经济学家》2018 年第 4 期。

[135] 魏玮、周晓博、薛智恒：《环境规制对不同进入动机 FDI 的影响——基于省际面板数据的实证研究》，载《国际商务（对外经济贸易大学学报）》2017 年第 1 期。

[136] 吴清：《环境规制与企业技术创新研究——基于我国 30 个省份数据的实证研究》，载《科技进步与对策》2011 年第 18 期。

[137] 肖士恩、雷家骕：《中国环境污染损失测算及成因探析》，载《中国人口·资源与环境》2011 年第 12 期。

[138] 肖红叶、李腊生：《我国经济增长质量的实证分析》，载《统计研究》1998 年第 4 期。

[139] 谢凡、杨兆庆：《环境规制对劳动生产率的影响——基于京津冀面板数据联立方程组模型分析》，载《西北人口》2015 年第 1 期。

[140] 谢海波：《环境治理中地方政府环保履职的完善与制度保

障》，载《环境保护》2020年第Z2期。

［141］徐常萍、吴敏洁：《环境规制强度变化对制造业"清洁化"的影响分析——基于中国30个省域面板数据的验证》，载《工业技术经济》2016年第3期。

［142］许士春：《环境管制与企业竞争力——基于"波特假说"的质疑》，载《国际贸易问题》2007年第5期。

［143］许和连、邓玉萍：《外商直接投资导致了中国的环境污染吗？——基于中国省际面板数据的空间计量研究》，载《管理世界》2012年第2期。

［144］许和连、郝静怡：《环境规制、政府效率与FDI选址》，载《现代财经（天津财经大学学报）》2016年第9期。

［145］闫文娟、郭树龙：《中国环境规制如何影响了就业——基于中介效应模型的实证研究》，载《财经论丛》2016年第10期。

［146］杨继生、徐娟、吴相俊：《经济增长与环境和社会健康成本》，载《经济研究》2013年第12期。

［147］杨丽君：《技术引进与自主研发对经济增长的影响——基于知识产权保护视角》，载《科研管理》2020年第6期。

［148］杨瑞龙：《制度创新：经济增长的源泉》，载《经济体制改革》1993年第5期。

［149］杨涛：《环境规制对中国对外贸易影响的实证分析》，载《当代财经》2003年第10期。

［150］杨志江、朱桂龙：《技术创新、环境规制与能源效率——基于中国省际面板数据的实证检验》，载《研究与发展管理》2017年第4期。

［151］姚林如、杨海军、王笑：《不同环境规制工具对企业绩效的影响分析》，载《财经论丛》2017年第12期。

［152］叶初升、李慧：《以发展看经济增长质量：概念、测度方法与实证分析——一种发展经济学的微观视角》，载《经济理论与经济管理》2014年第12期。

［153］殷宝庆：《环境规制与我国制造业绿色全要素生产率——基

于国际垂直专业化视角的实证》，载《中国人口·资源与环境》2012年第12期。

[154] 于良春、黄进军：《环境管制目标与管制手段分析》，载《理论学刊》2005年第5期。

[155] 于文超、何勤英：《政治联系、环境政策实施与企业生产效率》，载《中南财经政法大学学报》2014年第2期。

[156] 余东华、胡亚男：《环境规制趋紧阻碍中国制造业创新能力提升吗？——基于"波特假说"的再检验》，载《产业经济研究》2016年第2期。

[157] 余晖：《受管制市场里的政企同盟——以中国电信产业为例》，载《中国工业经济》2000年第1期。

[158] 俞雅乖、张芳芳：《环境保护中政府规制对企业绩效的影响：基于波特假说的分析》，载《生态经济》2016年第1期。

[159] 袁晓玲、邸勍、李政大：《改革开放40年中国经济发展与环境质量的关系分析》，载《西安交通大学学报（社会科学版）》2018年第6期。

[160] 原毅军、谢荣辉：《环境规制的产业结构调整效应研究——基于中国省际面板数据的实证检验》，载《中国工业经济》2014年第8期。

[161] 原毅军、谢荣辉：《环境规制与工业绿色生产率增长——对"强波特假说"的再检验》，载《中国软科学》2016年第7期。

[162] 曾贤刚：《环境规制、外商直接投资与"污染避难所"假说——基于中国30个省份面板数据的实证研究》，载《经济理论与经济管理》2010年第11期。

[163] 詹新宇、崔培培：《中国省际经济增长质量的测度与评价——基于"五大发展理念"的实证分析》，载《财政研究》2016年第8期。

[164] 詹新宇、王素丽：《财政支出结构的经济增长质量效应研究——基于"五大发展理念"的视角》，载《当代财经》2017年第4期。

［165］张彩云、盛斌、苏丹妮：《环境规制、政绩考核与企业选址》，载《经济管理》2018年第11期。

［166］张红凤、张细松：《环境规制理论研究》，北京大学出版社2012年版。

［167］张红凤、周峰、杨慧等：《环境保护与经济发展双赢的规制绩效实证分析》，载《经济研究》2009年第3期。

［168］张红霞、李猛、王悦：《环境规制对经济增长质量的影响》，载《统计与决策》2020年第23期。

［169］张华、魏晓平：《绿色悖论抑或倒逼减排——环境规制对碳排放影响的双重效应》，载《中国人口·资源与环境》2014年第9期。

［170］张建华、李先枝：《政府干预、环境规制与绿色全要素生产率——来自中国30个省、市、自治区的经验证据》，载《商业研究》2017年第10期。

［171］张连辉：《新中国环境保护事业的早期探索——第一次全国环保会议前中国政府的环保努力》，载《当代中国史研究》2010年第4期。

［172］张倩：《环境规制对技术创新的非线性影响研究——基于中国2003 - 2011年省际面板数据分析》，载《北京交通大学学报（社会科学版）》2016年第1期。

［173］张三峰、卜茂亮：《环境规制、环保投入与中国企业生产率——基于中国企业问卷数据的实证研究》，载《南开经济研究》2011年第2期。

［174］张文爱：《人力资本对经济增长的贡献：直接影响与间接效应——来自OECD成员国的经验证据》，载《云南财经大学学报》2020年第8期。

［175］张小筠、刘戒骄：《改革开放40年产业结构政策回顾与展望》，载《改革》2018年第9期。

［176］张晓蓓、李子豪：《人力资本差异加剧了区域经济失衡吗》，载《经济学家》2014年第4期。

［177］张兴平、朱锦晨、徐岸柳等：《基于CGE碳税政策对北京社

会经济系统的影响分析》，载《生态学报》2015年第20期。

[178] 张颖、张婷：《创新产出影响因素的区域差异性比较研究——来自新能源产业的经验数据》，载《工业技术经济》2020年第7期。

[179] 赵霄伟：《分权体制背景下地方政府环境规制与地区经济增长：理论、证据与政策》，经济管理出版社2014年版。

[180] 赵永亮、申泽文、廖瑞斌：《环境规制的认知、社会责任感与集聚区企业区位选择》，载《产业经济研究》2015年第3期。

[181] 郑玉歆：《全要素生产率的再认识——用TFP分析经济增长质量存在的若干局限》，载《数量经济技术经济研究》2007年第9期。

[182] 支燕、白雪洁：《我国高技术产业创新绩效提升路径研究——自主创新还是技术外取？》，载《南开经济研究》2012年第5期。

[183] [日] 植草益：《微观规制经济学》，朱绍文、胡欣欣等译，中国发展出版社1992年版。

[184] 苏梽芳、廖迎、李颖：《是什么导致了"污染天堂"：贸易还是FDI？——来自中国省级面板数据的证据》，载《经济评论》2011年第3期。

[185] 钟茂初：《经济增长——环境规制从"权衡"转向"制衡"的制度机理》，载《中国地质大学学报（社会科学版）》2017年第3期。

[186] 周灵：《环境规制对企业技术创新的影响机制研究——基于经济增长视角》，载《财经理论与实践》2014年第3期。

[187] 周灵：《经济发展方式转变视角下的环境规制研究》，载《生态经济》2014年第8期。

[188] 周茂荣、祝佳：《贸易自由化对我国环境的影响——基于ACT模型的实证研究》，载《中国人口·资源与环境》2008年第4期。

[189] 朱承亮、岳宏志、师萍：《环境约束下的中国经济增长效率研究》，载《数量经济技术经济研究》2011年第5期。

[190] 朱楠、郭晗：《我国东部沿海地区经济增长质量的测度与评价研究》，载《西北大学学报（哲学社会科学版）》2014年第1期。

[191] 朱启财、罗剑梅：《论经济增长质量——90年代我国经济发

展模式的转换》,载《财经研究》1991 年第10 期。

[192] 祝志勇、幸汉龙:《环境规制与中国粮食产量关系的研究——基于环境库兹涅茨倒 U 型曲线》,载《云南财经大学学报》2017 年第4 期。

[193] Albrizio S., Kozluk T., Zipperer V., Environmental policies and productivity growth: Evidence across industries and firms. *Journal of Environmental Economics and Management*, Vol. 81, 2017, pp. 209 – 226.

[194] Antweiler W., Copeland B. R., Taylor M. S., Is Free Trade Good for the Environment? NBER Working Paper, No. w6707, 1998.

[195] Arellano M., Bond S., Some Tests of Specification for Panel Data: Monte Carlo Evidence and an Application to Employment Equations. *Review of Economic Studies*, Vol. 58, No. 2, 1991, pp. 277 – 297.

[196] Arellano M., Bover O., Another look at the instrumental variable estimation of error-components models. *Journal of Econometrics*, Vol. 68, No. 1, 1995, pp. 29 – 51.

[197] Atkinson S. E., Lewis D. H., A cost-effectiveness analysis of alternative air quality control strategies. *Journal of Environmental Economics and Management*, Vol. 1, No. 3, 1974, pp. 237 – 250.

[198] Azevedo D., Martiniano A. M., Pereira, et al., Environmental regulation and innovation in high-pollution industries: A case study in a Brazilian refinery. *International Journal of Technology Management & Sustainable Development*, Vol. 9, No. 2, 2010, pp. 133 – 148.

[199] Barro R. J., Quantity and Quality of Economic Growth. Working Papers Central Bank of Chile, 2002.

[200] Barthold T. A., Brock W. A., Evans D. S., The Economics of Small Businesses: Their Role and Regulation in the U. S. Economy. *Southern Economic Journal*, Vol. 54, No. 2, 1987, pp. 489 – 491.

[201] Becker R. A., Local environmental regulation and plant-level productivity. *Ecological Economics*, Vol. 70, No. 12, 2011, pp. 2516 – 2522.

[202] Becker R., Henderson V., Effects of Air Quality Regulations on Polluting Industries. *Journal of Political Economy*, Vol. 108, No. 2, 2000, pp. 379 - 421.

[203] Berman E., Bui L. T. M., Environmental Regulation And Productivity: Evidence From Oil Refineries. *Review of Economics and Statistics*, Vol. 83, No. 3, 2001, pp. 498 - 510.

[204] Birdsall N., Wheeler D., Trade Policy and Industrial Pollution in Latin America: Where Are the Pollution Havens? *The Journal of Environment & Development*, Vol. 2, No. 1, 1993, pp. 137 - 149.

[205] Blundell R., Bond S., Initial conditions and moment restrictions in dynamic panel data models. *Journal of Econometrics*, Vol. 87, No. 1, 1998, pp. 115 - 143.

[206] Bokusheva R., Kumbhakar S. C., Lehmann B., The effect of environmental regulations on Swiss farm productivity. *International Journal of Production Economics*, Vol. 136, No. 1, 2012, pp. 93 - 101.

[207] Brunnermeier S. B., Cohen M. A., Determinants of environmental innovation in US manufacturing industries. *Journal of Environmental Economics and Management*, Vol. 45, No. 2, 2003, pp. 278 - 293.

[208] Calel R., Market - Based Instruments and Technology Choices: A Synthesis. SSRN Electronic Journal, 2011.

[209] Chintrakarn P., Environmental regulation and U. S. states' technical inefficiency. *Economics Letters*, Vol. 100, No. 3, 2008, pp. 363 - 365.

[210] Chudnovsky D., Lopez A., Diffusion of environmentally friendly technologies by multinational corporations in developing countries. *International Journal of Technology Management & Sustainable Development*, Vol. 2, No. 1, 2003, pp. 5 - 18.

[211] Clack C., *The conditions of Economic Prograss*. London: Macmillan, 1940.

[212] Copeland B. R., Taylor M. S., North - South Trade and the

Environment. *The Quarterly Journal of Economics*, Vol. 109, No. 3, 1994, pp. 755 – 787.

[213] Dean T. J., Brown R. L., Pollution Regulation as a Barrier to New Firm Entry: Initial Evidence and Implications for Future Research. *Academy of Management Journal*, Vol. 38, No. 1, 1995, pp. 288 – 303.

[214] Ederington J., Minier J., Is Environmental Policy a Secondary Trade Barrier? An Empirical Analysis. *Canadian Journal of Economics*, Vol. 36, No. 1, 2003, pp. 137 – 154.

[215] Geels F. W., Schot J., Typology of sociotechnical transition pathways. *Research Policy*, Vol. 36, No. 3, 2007, pp. 399 – 417.

[216] Gollop F. M., Roberts M. J., Environmental Regulations and Productivity Growth: The Case of Fossil-fueled Electric Power Generation. *Journal of Political Economy*, Vol. 91, No. 4, 1983, pp. 654 – 674.

[217] Gray W. B., The Cost of Regulation: OSHA, EPA and the Productivity Slowdown. *American Economic Review*, Vol. 77, No. 5, 1987, pp. 998 – 1006.

[218] Greenstone M., List J. A., Syverson C., The Effects of Environmental Regulation on the Competitiveness of U. S. Manufacturing. National Bureau of Economic Research Working Paper, No. 18392, 2012.

[219] Hamamoto M., Environmental regulation and the productivity of Japanese manufacturing industries. *Resource and Energy Economics*, Vol. 28, No. 4, 2006, pp. 299 – 312.

[220] Huang J. H., Chen X. D., Huang B. H., et al., Economic and environmental impacts of foreign direct investment in China: A spatial spillover analysis. *China Economic Review*, Vol. 45, 2017, pp. 289 – 309.

[221] Jaffe A. B., Palmer K., Environmental Regulation and Innovation: A Panel Data Study. *The Review of Economics and Statistics*, Vol. 79, No. 4, 1997, pp. 610 – 619.

[222] Javorcik B. S., Wei S. J., Pollution Havens and Foreign Direct

Investment: Dirty Secret or Popular Myth? SSRN Electronic Journal, 2001.

[223] Jorgenson D. W., Wilcoxen P. J., Environmental Regulation and U. S. Economic Growth. *The RAND Journal of Economics*, Vol. 21, No. 2, 1990, pp. 314 – 340.

[224] Kellenberg D. K., An empirical investigation of the pollution haven effect with strategic environment and trade policy. *Journal of International Economics*, Vol. 78, No. 2, 2009, pp. 242 – 255.

[225] Keller W., Levinson A., Pollution Abatement Costs And Foreign Direct Investment Inflows To U. S. States. *Review of Economics and Statistics*, Vol. 84, No. 4, 2002, pp. 691 – 703.

[226] Kesidou E., Demirel P., On the drivers of eco-innovations: Empirical evidence from the UK. *Research Policy*, Vol. 41, No. 5, 2012, pp. 862 – 870.

[227] Kuznets S., Modern Economic Growth: Finding and Reflections. *American Economic Review*, Vol. 63, No. 3, 1973, pp. 247 – 258.

[228] Kwerel E., To Tell the Truth: Imperfect Information and Optimal Pollution Control. *The Review of Economic Studies*, Vol. 44, No. 3, 1977, pp. 595 – 601.

[229] Lanoie P., Laurent – Lucchetti J., Johnstone N., et al., Environmental Policy, Innovation and Performance: New Insights on the Porter Hypothesis. *Journal of Economics & Management Strategy*, Vol. 20, No. 3, 2011, pp. 803 – 842.

[230] Lanoie P., Patry M., Lajeunesse R., Environmental regulation and productivity: testing the porter hypothesis. *Journal of Productivity Analysis*, Vol. 30, No. 2, 2008, pp. 121 – 128.

[231] Lanoie P., Rochon – Fabien A., Promoting Pollution Prevention in Small Businesses: Costs and Benefits of the "Enviroclub" Initiative. *Canadian Public Policy*, Vol. 38, No. 2, 2012, pp. 217 – 232.

[232] Letchumanan R., Kodama F., Reconciling the Conflict Be-

tween the "Pollution Haven" Hypothesis and an Emerging Trajectory of International Technology Transfer. *Research Policy*, Vol. 29, No. 1, 2000, pp. 59 – 79.

[233] Levinson A., Taylor M. S., Unmasking The Pollution Haven Effect. *International Economic Review*, Vol. 49, No. 1, 2008, pp. 223 – 254.

[234] Liang F. H., Does Foreign Direct Investment Harm the Host Country's Environment? Evidence from China. Electronic Journal, 2006.

[235] List J. A., Co C. Y., The Effects of Environmental Regulations on Foreign Direct Investment. *Journal of Environmental Economics and Management*, Vol. 40, No. 1, 2000, pp. 1 – 20.

[236] Malueg D. A., Emission credit trading and the incentive to adopt new pollution abatement technology. *Journal of Environmental Economics and Management*, Vol. 16, No. 1, 1989, pp. 52 – 57.

[237] Mani M., Wheeler D., In Search of Pollution Havens? Dirty Industry in the World Economy, 1960 to 1995. *Journal of Environment & Development*, Vol. 7, No. 3, 1998, pp. 215 – 247.

[238] Michel P., Rotillon G., Disutility of pollution and endogenous growth. *Environmental and Resource Economics*, Vol. 6, No. 3, 1995, pp. 279 – 300.

[239] Mlachila M., Tapsoba R., Tapsoba S. J. A., A Quality of Growth Index for Developing Countries: A Proposal. *Social Indicators Research*, Vol. 134, No. 2, 2017, pp. 675 – 710.

[240] Mohtadi H., Environment, growth, and optimal policy design. *Journal of Public Economics*, Vol. 63, No. 1, 1996, pp. 119 – 140.

[241] Nickell S. J., Biases in Dynamic Models with Fixed Effects. *Econometrica*, Vol. 49, No. 6, 1981, pp. 1417 – 1426.

[242] Porter M. E., America's Green Strategy. *Scientific American*, Vol. 264, No. 4, 1991, pp. 1 – 5.

[243] Porter M. E., Linde C. V., Toward a New Conception of the Environment - Competitiveness Relationship. *Journal of Economic Perspectives*, Vol. 9, No. 4, 1995, pp. 97 - 118.

[244] Sancho F. H., Tadeo A. P., Martinez E. R., Efficiency and environmental regulation: An application to Spanish wooden goods and furnishings industry. *Environmental and Resource Economics*, Vol. 15, No. 4, 2000, pp. 365 - 378.

[245] Seskin E. P., Anderson J. R., Reid R. O., An empirical analysis of economic strategies for controlling air pollution. *Journal of Environmental Economics and Management*, Vol. 10, No. 2, 1983, pp. 112 - 124.

[246] Shadbegian R. J., Gray W. B., Pollution abatement expenditures and plant-level productivity: A production function approach. *Ecological Economics*, Vol. 54, No. 2 - 3, 2005, pp. 196 - 208.

[247] Simpson R. D., Bradford R. L., Taxing Variable Cost: Environmental Regulation as Industrial Policy. *Journal of Environmental Economics and Management*, Vol. 30, No. 3, 1996, pp. 282 - 300.

[248] Stephens J. K., Denison E. F., Accounting for Slower Economic Growth: The United States in the 1970s. *Southern Economic Journal*, Vol. 47, No. 4, 1981, pp. 1191 - 1193.

[249] The United Nations Development Programme: Human Development Report 1990. New York: Oxford University Press, 1990.

[250] Thomas V., Wang Y, Fan X., Measuring Education Inequality: Gini Coefficients of Education. Washington: World Bank Institute, 2001.

[251] Tietenberg T. H., Economic instruments for environmental regulation. *Oxford Review of Economic Policy*, Vol. 6, No. 1, 1990, pp. 17 - 33.

[252] Viscusi W. K., Vernon J. M., Harrington J. J. E., *Economics of Regulation and Antitrust*. Cambridge: The MIT Press, 1995, p. 295.

[253] Wagner M., On the relationship between environmental management, environmental innovation and patenting: Evidence from German man-

ufacturing firms. *Research Policy*, Vol. 36, No. 10, 2007, pp. 1587 – 1602.

[254] Walley N. , Whitehead. , It's Not Easy Been Green. In Welford R. and Starkey R. (eds.), *The Earth scan in Business and the Environment.* London: Earthscan, 1996, pp. 334 – 347.

[255] Xing Y. Q. , Kolstad C. D. , Do Lax Environmental Regulations Attract Foreign Investment? *Environmental and Resource Economics*, Vol. 21, No. 1, 2002, pp. 1 – 22.

后　　记

　　当前以及今后一个时期，我国经济社会发展的主题为"推动高质量发展"，社会主要矛盾已经转化，发展中的矛盾与问题集中体现在发展质量上。经济发展方式已逐步转变，生态环境与经济增长的关系已不再对立。虽然我国的环境规制效果显著，但在实践中依然存在许多问题。建立健全环境规制体系，有利于持续改善环境质量，提高生态系统质量与稳定性以及全面提高资源利用效率，为全球生态文明建设谋划"美丽中国"目标。不断优化与完善环境规制也是顺应时代、担负使命，推进国家生态环境治理体系与治理能力现代化的必由之路。在"全面小康"进入"全面现代化"的历史交汇点，面对日趋复杂的外部环境，测度我国经济增长质量进而分析环境规制对于经济增长质量及其各个维度的影响能够为各区域根据各自实际情况制定差异化政策提供参考，为开展相关工作提供方向指引与行动指南，对于实现经济与环境的协调发展具有重要的理论与现实意义。

　　本书是我博士学习生涯的学术总结。首先，感谢我的导师和军教授，和老师的言传身教使我无论在学习上还是生活中都少走了许多弯路。博士期间的相关成果，大到研究方向与框架结构，小到格式细节，都得到了和老师的悉心指导。其次，感谢在本书写作期间给予我帮助与鼓励的所有老师，是您们的指导与点拨使本书能够顺利出版。本书撰写过程参考了国内外大量文献，汲取并引用了相关学者的观点与成果，在此一并表示最诚挚的敬意。最后，感谢为本书出版辛苦付出的经济科学出版社编辑。

对于环境规制的相关理论及其与经济增长质量的关系还有许多问题尚在探索之中,由于作者水平与能力有限,瑕疵与纰漏在所难免,希望得到各位专家、同行的批评指正。

谢　思

2021年9月